JN312592

information technology

ITでめざせ、教育革命

発見・探究の喜びをインフォメーションテクノロジーで！

村上温夫

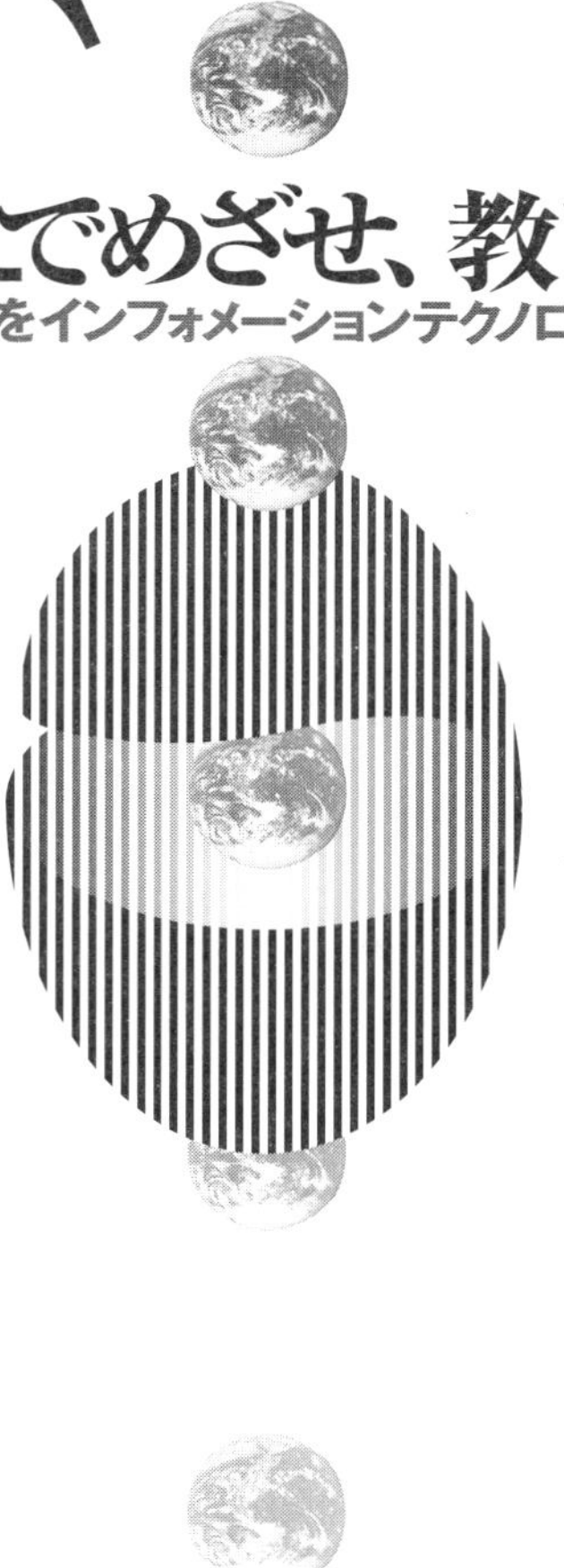

新曜社

はじめに

パソコンとインターネットの進歩はめざましく、あと二、三年もすれば日本全国の学校がインターネットでつながれる。情報機器の普及度の急速性は携帯電話からもうかがい知れよう。アメリカはもちろんのこと、イギリスでも一九九八年にブレア首相が九億ポンドの予算を計上して全英の学校をインターネットで接続する計画を立てた。どの学校にも「世界一の図書館を」がその標語であるが、英国でもパソコンやインターネットを教育現場でどう活用したらよいのか、先生たちがとまどっているのが現状で、全世界的にも似たような事情が存在している。

もちろんわが国も同様で、せっかく新しい技術が導入されても、旧態依然たる教育内容をそこへ盛り込むのでは何にもならない。「ゆとりの教育」、「個性を伸ばす教育」などと叫ばれる一方で、現実には「学力低下は目を覆うばかりだ」と言われ、最近では「分数計算ができない大学生」の出現がクローズアップされてきた。もっとも何をもって「学力」と考えるかが問題で、下手をすると、「分数でのわり算はひっくり返して掛ければよい」というアルゴリズムを覚えさせる「数学暗記科目」的な「詰め込み教育」の復活が危惧される。

昔、ソクラテスは、教育とは若者の能力を引き出す産婆のような仕事であると言ったという。過去の日本、特に最近三、四十年の日本の教育は、この原点に立ち返って大いに反省せねばならない。日本の教育界は全体として記憶型、前例踏襲型の人物を育てるのに熱心で、管理社会を志向するせいか、型にはまらぬ創造的思考を取り上げるような「産婆」は乏しかったように見える。こんな形の教育では果たして日本に将来はあるだろうか。豊かな個性、想像力と創造力を備えた人間を育てるような教育、すなわち、「独創教育」に舵を切り替えるのでなければ、欧米はもとより、いわゆる開発途上国の将来と比べても手遅れになる恐れさえある。

もっとも、過去の詰め込み教育の側にもそれなりの言い分はあろう。直接の元凶は「受験競争」という怪物であり、予備校や塾の氾濫も当然のように受け入れられてきた。「自ら学び、自ら考える」余裕などなく、「どんな教科も教えられた解き方を暗記し、受験戦争に勝ち抜く」ことが要求される始末であった。一流大学を出なければ出世できないという事情、学歴尊重社会や終身雇用の仕組み、そしてそれを支える頑強な社会制度と伝統があった。

しかし、社会は学歴より実力尊重に大きく舵を変えつつあり、学校教育は遅かれ早かれ変わらざるを得ない。もっともそれが一朝一夕にできるかどうかは疑問だが、とにかく問題は、若者が獲得する知識の量ではなく、どのようにして若者の知的能力を引き出し、彼らがどれぐらい自ら学び、自ら考えるようになるかにかかっている。日本の教育における過去の「没個性化、悪平等化、上下圧縮平均化」に対しては、多くの人々が指摘し、創造性教育の重要さを叫んでいるが、それではどうすればよいのかという具体的提案はあまりなされていない。実を言えば、それが本書を公にしようとした一つの動機であった。

このような背景の下に考えるとき、パソコンやインターネットをはじめとするインフォメーションテクノロジー（ＩＴ）はどんな役割を果たすべきだろうか。当然、その出現は教育の変革を促す。もうすでに、従来のように黒板に書かれたものをノートに写し取ったり、書物や雑誌から知識を得たり、図書館で調べものをする代わりに、「世界一の図書館」であるインターネットからデータをとってきて、レポートにまとめ、クラスで発表・討論するようになりつつある。ホームページをあげたり、インターネットのもつ通信機能を使って国内国外の学校と情報交換や交流を行うことなども一種の流行となり、すでに各所で行われている。これは大きな前進だが、それだけがパソコンやインターネットの活用法だろうか。

パソコンやインターネットにはまだまだ大きな潜在能力があり、これだけで済ませるのはもったいない。実は私は数学ないしその周辺の専攻であるため、本文での具体例は数学から取ったが、これはあくまで一つの実例であって、どんな分野でも、人力では扱いかねるような膨大な資料の整理や分類をパソコンに委ね、従来見過ごされていた問題を掘り起こしたり、想像力を働かせて思い切った推測や仮説を組み立て、吟味することができるようになった。それはむしろ人文系や社会系の学問においての方が理工系よりもさらに重要で、パソコンの新しい活用法開拓の余地は各方面にあるはずである。

さて、本書の直接の狙いは、コンピュータを用いることによって、従来と「ひと味違った学習法」を編み出し、「創造性」を養うような教育ができないだろうかという問題に、一つの試案・回答を与えることにある。特に、「遠隔教育」と「発見的学習」に着目して述べるが、実はそれらは密接に関連している。

従来、わが国でも通信教育と呼ばれているものがあった。稽古ごとや資格獲得講座から正規の大学教育に到るまで、郵送によるものが大半であったが、やがて、放送大学に代表されるようなハイテク方式も現れてきた。しかし、人工衛星を用いたハイテクが必ずしも最善の遠隔教育システムを与えるとは言い難い。教育は一方通行では効果は小さく、双方向でなければならないからである。その点、インターネットを用いる最近の方式は、メールの活用など、従来とは違った新しい双方向の教育システムを生み出しつつある。わが国でもようやくこの方式による遠隔教育を行う機関がいくつか現れてきた。だが問題は教育の「中身」であって、その点では世界的に見ても、未だにインターネットという新しい器に古い内容を盛り込んだものが多く、本質的進歩はそれほど見られない。

本書では、現在の教育が抱えている問題とパソコンやインターネットの学校への導入に関して第1章、第2章で私の見解を述べた後、第3章でIT（インフォメーションテクノロジー）すなわち情報技術の教育への利用法と問題点、さらに遠隔教育の現状を述べ、「発見的学習」を遠隔教育に取り込む新しい方法についての一例をあげる。後に述べる実例も含めて、本書でとりあげた具体例は数学の方面に限られているが、これは先に断ったように私の経歴のせいで、その意図は他の理工系分野はもちろん、人文系や社会系の分野にも及んでいるつもりである。実際、真に新しい問題提起などの仕事は、単なるデータ集めや物まねから得られるものではなく、まさにパソコンなどの情報機器という武器を駆使した創意工夫から、新しい形のものが生まれるべきなのである。私の考え以上に革新的な情報技術（IT）の活用法があったらさらに良いと思うが、これについてはそれぞれの専門家のお考えを期待する他ない。

次に第4章では、教室で行った別の例をあげ、本書の最重要主題である「発見的学習」の意義について述べた後、第5章でインターネットを用いて世界に向けて行った実験を紹介する。これはスペインで行われた第八回国際数学教育会議の遠隔教育部門において私がチーフオーガナイザをつとめたとき、世界的規模で行ったもので、「発見的学習」とは如何にあるべきかの見本を示したつもりである。この例のうちの一部は学校教育の一環として教室で実験したこともあり、その詳細は第4章に述べておいたが、そこでは、パソコンが「新しいことを発見しようとするときに用いる道具」として決定的役割を果たしていることに注目して頂きたい。

なお、ここであげた具体例は初等幾何学と簡単な因数分解であり、中学三年か高校一年程度の学力で理解できるはずである。しかしながら、特に因数分解の例は、一見簡単に見えても、その内容は思いの外奥深く、パソコンと頭脳とを十分に働かさないと「発見の喜び」を味わえないようなものである。普通の教科書にあるようなものではなく、今後はこのような教材を開発することが重要になるであろう。

第6章には、将来の予想や想像を述べてみた。一種の夢物語として気楽にお読みいただきたい。情報化が進めば教育システムが根本的に変わる可能性もある。ここ五年や十年では従来の学校という教育制度がなくなるような変化は起こらないかも知れないが、古い体質の学校は存在意義を失い淘汰されよう。そのとき生き残れるのは、「発見の喜びを十分に味わわせてくれ、自ら学び、自分で納得するまで考え、新しいことを創造する力をつけてくれる」ような教育機関・教育システムではなかろうか。それが、現在の学校という形のまま残るか、それともインターネット上のバーチャル遠隔教育システムという形をとるか、それらが混在するか、それはまだ予断を許さない。

以上、数学という「針の穴」から、教育ないしその将来という「天」を覗くような話になったが、二十一世紀にはどんな人材が求められ、それを育てるには教育はどうあるべきか。私はそれに対して、社会的制約という問題には敢えて目をつぶった形ながら、パソコンとインターネットを用いて「創造性教育」を如何に推進すべきか、一つの私案を出してみた。なお様々な角度から多くの討論が生まれて欲しいと切望している。

村上温夫

二〇〇〇年一月一日

目次

装幀＝加藤俊二

第1章　何のための教育?

日本の教育はこれでよいのか、二十一世紀にはどういう人材が求められ、それを養成するにはどうすればよいのか、などという議論がさかんになされている。

「独創教育」をやらなければ欧米に遅れをとる、「ゆとりの教育」が必要だ、「個性を伸ばす教育」をやらなければならない、などと叫ばれる一方で、「学力低下は目を覆うばかりだ」とも言われ、「落ちこぼれの問題」が憂慮され、「若者の理工科離れ」を心配する向きもある。たしかに従来の教育は「受験競争」という怪物に支配されて、本来の姿を見失っていた感がある。予備校や塾の氾濫も当然のように受け入れられていた。

これは単に教育だけの問題ではなく、学歴尊重社会や終身雇用の仕組みが根底にあり、容易に解決しそうに思われなかったが、社会は学歴より実力尊重に大きく舵を変えつつあり、学校教育が旧態依然たる体質を保持することはもはや許されなくなってきた。

それに加えて、急速な情報化時代の到来が、今、教育というものの本質を問い直しつつある。現状と今後について概観してみよう。

1　世界が真剣に教育問題に取り組んでいる！

今、教育問題が世界的にも重要な問題として取り上げられている。ことにコンピュータとの関係でそれが論じられているのがここ数年来の特徴であろう。アメリカでは、クリントン大統領・ゴア副大統領がこの問題に熱心で、すべての学校、教育機関、研究所などをネットワークでつなぎ、小学生から大学生まで、自由にパソコンを使って新しい教育を受けられるようにすると言っている。二十一世紀はじめには、すべての学校、企業、家庭などを光ファイバーでつなぐ、という情報スーパーハイウェイ構想をすでに打ち出していて、これがアメリカ社会に再び栄光をもたらすと希望しているのだ。

イギリスでも、一九九八年にブレア首相が、イギリスの将来は「教育、教育、そして教育」だとばかり、七億ポンドほどの予算をつけて[1]、四年計画で全英の学校をインターネットで結ぶ計画を発表した。『教室の中に世界一の図書館を』がその標語。クリントン、ゴアのコンビに遅れるな、ということであろうか、日本が八、〇〇〇億円の予算を計上して二〇〇三年までに全国の学校や病院などをインターネットで結ぼうとしているというのに刺激されたのかもしれない。

第二次世界大戦後アメリカでは、ドイツのアウトバーンをまねて[2]、各州をつなぐインターステイトハイウェイが建設されたが、これを積極的に推進したのが現在のゴア副大統領の父親のゴア上院議員であった。このインターステイトハイウェイ・ネットワークによって、アメリカにおける人間の移動や物資の運搬は飛躍的に向上した。十九世紀が「鉄道の時代」、二十世紀がハイウェイに象徴される「道路の時代」であったのに比べて、二十一世紀は「情報の時代」で、その流れを制するものが世界を制するという認識がそこにある。

アメリカで教育問題が大きく取り上げられた背景には、何でも世界一を誇りたがるアメリカで、教育は他の国に比べてひどく立ち後れていると彼らが思っていると

（1）先生の再教育に別に二億ポンドを付けている。

（2）第二次世界大戦の前にヒットラーは失業問題の解決と来るべき戦争における軍の移動作戦のためアウトバーン（高速自動車道路）をドイツ国内に建設した。

いう事実がある。それがそのとおりかどうかは後に見るとして、たとえば国際ナントカ教育コンクールなどで上位を占めるのは決まって日本、香港、シンガポールなどで、アメリカの成績は決して芳しくない。ことに数学でそれが目立つようだ。

少し古くなるが、一九八一年に行われた第二回国際数学教育調査(3)では中学生で日本がトップ、次いで二位オランダ、三位ハンガリーであったのに対して、アメリカは二十ヵ国中十四位にすぎなかった。このコンクールではおもしろいことに、中学部門で第九位であった香港は高校部門では第一位に躍進、日本は第二位で、中学部門で第三位だったハンガリーは高校部門では十五位（最下位）に転落。しかし高校部門でもアメリカは十五ヵ国中十二位で、国際平均よりはるかに劣っていた。

一九九四年には小学生と中学生を対象に、数学と理科の第三回の国際調査(4)が行われたが、その結果、数学部門に限ってこれを見ると、中学生ではシンガポールが第一位に躍進、二位が韓国、日本は三位にとどまり、香港は第四位。しかしアメリカの得た成績は、中学二年生で四十一ヵ国中二十八位、中学一年生では三十九ヵ国中二十四位という、どちらも国際平均値を下回るひどいものであった。

かつて、日本は欧米に対して立ち後れている、欧米ではすでにこうなっているが日本ではまだこんな状態だとか、こういう点を改善しないと日本は欧米並になれな

(3) 国立教育研究所紀要第一一九号「数学教育の国際比較」93ページ。

(4) 東洋館出版社『中学校の数学教育・理科教育の国際比較』26ページ。なお、第一回調査は一九六五年に行われた。

いという議論がずいぶん行われた。ところが、戦後の混乱から回復した日本が、高度成長期を迎えると、「ジャパン・アズ・ナンバーワン」などという書物におだてられて、何でも日本が世界一だというような錯覚にさえ陥ったのである。教育の面でも、イギリスやアメリカは日本の成果に目を見張り、日本の教育の方がはるかに進んでいる、われわれはそれに学ぶべきだ、と言い出す人びとが現れた。本当にそうだろうか。

製品の量と質において世界一を誇り、ことにハイテク産業において他の追随を許さないと自負し、経済の繁栄は永久に続くと考え、一ドルが八〇~九〇円という時代を当然のように思っていた日本は、バブルがはじけて不景気に悩み、為替相場は一ドルが一〇〇円を突破して一三〇円近くまで下がったり、護送船団(5)から外れた銀行や証券会社は倒産する時代を迎えた。戦後、銀行はつぶれないという神話があったが、それがもろくも崩れ去った今、同じくつぶれない代表と思われていた大学に危機が訪れようとしている(6)。銀行と同じく、不良な大学がいくつかつぶれても、それは大した話ではない。しかし、教育そのものはあらゆる社会システムの基盤とも言えるもので、非常に重要である。しかも、その成果は、すぐに現れるというものではなく、何十年か後に、その成果が問われるのだ。

(5) 護送船団方式とは本来戦時中、商船隊を潜水艦からの攻撃に対して守るために、駆逐艦などで護ることを指したが、日本政府が企業群を商戦団のように護って外国の企業に対抗させるようにしたことを指すようになった。

(6) 大学入学年齢である十八歳人口は急激に減少しつつあり、大学進学希望者の数は二〇〇九年には、大学の総入学定員数と等しくなる。言い換えれば、誰でも希望すれば大学に入れるようになる。当然、質のよくない大学は生き残れないが、逆に言えば、これこそ、大学教育の質を上げる絶好の機会であろう。

明治以来のわが国の発展は、徳川時代の寺子屋制度、元禄文化がなかったら、あれほど早く成し遂げられることは難しかっただろう。したがって、今われわれがどういう理念をもって教育問題に立ち向かうかは、日本の将来を左右する最も重要な鍵なのである。はたして日本の教育は今のままでよいのか。「アメリカでは誰もろくに暗算ができないよ。日本の方がよっぽど上だ」などと、一部の人が思いあがっているような教育先進国どころか、わが国はもうすでに立ち後れてしまっているのではないだろうか。(7)

前述の国際コンクールでも、仔細に観察してみると、表面に現れる平均点などとは別に、次のような危機的現象が読みとれる。すなわち、日本の生徒は諸外国に比べ数学の成績は高いが、数学が嫌いな生徒の割合も高いし、また、日本が高得点を得たのは、計算問題などの技術的な能力がものを言う分野であって、本当に内容をよく理解していなければできないような問題や総合的な問題に対しては、成績は必ずしも良いとは言えなかったのである。文部省もその点を重く見たのか、「ゆとりある教育」に切り替えるべきだ、と方針の転換を呼びかけたが、学校現場によっては、突然そう言われてもどうしたら良いのかわからないところもあるようだ。

(7) すでに一九九三年四月十日付の朝日新聞に、「帰国高校生らの日米教育比較」という表題で、日米両国で授業を受けた日本人高校生約千人にアンケート調査した結果が載っていた。そこには、「独創性は米国、受験なら日本。教師への評価、日本が完敗」とある。

2　これまでの日本の教育

日本の従来の教育は一言で言えば、暗記を強いて知識を詰め込むような教育であった。小学校のあいだはまだよいのだが、中学校、高等学校と進むにつれて受験のための勉強が本格化し、そこへ塾通いが輪をかけて、生徒は学習機械になり果てる。受験場では限られた時間内にいかに上手に解答を出すかが問われるから、生徒はそのための訓練を積むことにならざるを得ない。受験技術を教えるのが上手な先生の言うことはだいたい決まっている。

「問題をパターン化(8)して解答法を暗記し、試験場ではできそうな問題とできそうもない問題とを素早く見分け、できそうもないものは捨ててしまえ。できそうな問題だけに集中する。頭の中に作った整理抽斗《ひきだし》の中からそのパターンに合う解答法を素早く取り出して適用し、計算があれば間違えず、年号などは歌にでもして覚えろ。それを正確に思い出し、素早く、しかし丁寧に解答欄に書け。

(8) このパターン認識的勉強法については、フィールズ賞受賞者の小平邦彦博士もいろいろなところでその弊害を書いておられる。たとえば、『怠け者数学者の記』岩波書店、278ページ。そこには「それは猿に芸を仕込むようなものだ」とまで書かれている。私自身も小平先生からこのことやその他日本の教育の将来について憂慮しておられることを何回も直接うかがったことがある。

計算は必ず検算せよ。エレガントな解答など考える暇はないぞ。受験に失敗したらこの世の終わりなんだ。だから、普段から、なぜそうなるのかなどと、ゆっくり考えるあいだに、一問でも二問でもたくさんの問題にあたった方が良い。最後にものを言うのは腕力なんだぞ。常に戦場にいるつもりで受験勉強に励め。等々」

まあ、こういった調子である。そのあげく、次のようなことが起こる。東北大学の学長をされた西澤先生の著書(9)に、次のような一節がある。

「先日も、知人からこんな話を聞かされた。子供の通っている高校で臨時PTA会議があり出かけて行ったところ、『父兄のみなさまは、おたくで子供さんに、数学を理解して勉強するように言っておられるでしょうが、学校では数学は暗記しろと言っております。学校で暗記しろと言っているのに、家では理解して勉強しろと言われるものですから、予定どおり進度がいっておりません。このままですと、偏差値の高い学校には入れませんよ。それでもよろしいですか。もし、子供さんを少しでもいい学校に入れたければ、理解しろなどと余計

(9) 西澤潤一著『独創教育が日本を救う』PHP出版、34ページ。

なことは言わないほうがよいでしょう』と、先生から言われた。いろいろ悩んだが、やはり子供が、偏差値のいい学校に入れないと困るので、しばらくは黙っていることにした。」

私も高校の先生には何人も知り合いがいるので、ある先生にこの話をしたら、「それほど極端なことはありませんが、よっぽど頭のよい子供が集まっている高校は別として、今の受験戦争に勝ち抜くように仕込もうと思ったら、そんなふうになる先生もいるかもしれませんね」という答えが返ってきた。

昔から学校差はあったから、ある程度は致し方ない面もある。しかし、それらの高校でも、先生方は一生懸命努力して数学を何とか生徒に理解させようとしておられる(10)。ところが、いくつかの受験校で、有名大学に一人でも多くの生徒を合格させようという目的のためだけに上記のような教育が行われていたら、これは由々しき問題であろう。

その先生にとっては、自分のあげた「戦果」だけが問題かもしれないが(11)、教えられた生徒のほうは、大学に入学し、学問し、それから社会に出て、今まで教わったこと、教わったものの考え方が一生付きまとうからである。

(10) 数年前、日米独の中学二年生の授業風景をビデオにとって比較する研究が行われた。日本の教室では、先生が問題を出した後クラスを幾つかのグループに分け、それぞれのグループごとに考えさせる。先生は質問には答えるが、解答は示さない。各グループは、暫くした後、自分たちの結果をクラスの全員に発表するのである。この授業法はアメリカの先生方には非常に高い評価を受けたが、ビデオを見たアメリカの生徒は、はじめ、日本の先生は「さぼっている」と思ったそうだ。

(11) 私立学校や塾では、そのような戦果で給料が決まったりするから、教える側も大変ではある。

この「数学は暗記科目だ」という話は、それを題名にした書物[12]まである始末で、その中に書いてあるいくつかの話を次に紹介しよう。

今西錦司京都大学名誉教授は、学生時代、数学が得意だったそうで、そのことを友人の桑原武夫さんにほめられると、テレながら「代数も幾何もみな暗記したんや。数学は暗記ものやで」と答えたというのがひとつ目の話。

次に、数学のノーベル賞といわれるフィールズ賞を受賞した世界的な数学者広中平祐博士が高校生と受験問題を解く競争をして見事に負け、「プロにはかなわない」と言ったという話。

それに、その書物の著者である渡部氏が教えている塾に来た一人の少女が、親さえ「この子はニブくてね」と言い、自分でも「私はニブいから、すぐには覚えられないの」と言っていたのに、問題とその解き方まで徹底的に覚えさせたら、数学のテストの成績が想像もつかなかったほど向上して、偏差値が上がり、優秀な高校に進学した話などが書かれている。

まあこういった調子なのだが、この書物に書かれていることは、もし題名が『受験数学は暗記で必勝』とでもいうのであれば、また、数学を学習する究極目的が、受験に勝ち進んで、いわゆる有名高校、有名大学に合格することだけであるならば、

(12) 渡部由輝著『数学は暗記科目である』原書房。

ある程度真実かもしれない。実際、この本の中の『数学』と言うところを『受験数学』と直せば、ほとんどの記述はそれほど間違っていないからである。また、高校生のなかには「数学はいろんな公式を暗記する科目だから嫌いだ」と言うものが少なからずいることも事実で、「数学暗記もの説」は、必ずしもその書物の著者だけに限るものでもなさそうである。

今の学校教育では、生徒数何十人かのクラスで一斉授業を行う。生徒のなかには良くできるものもいれば、そうでないのも混じっている。そのとき先生はどうしても焦点を中程度の辺りにおいて説明するため、いわゆる「良くできる子」は退屈し、「あまりできない子」は置いてけぼりにされるという現象が起こる。

この「良くできる子」というのは、おそらく、飲み込みの早い生徒、頭の回転の速い生徒、答えをすぐに出せる生徒などで、それが「頭の良い子」とされてきた。一方、「あまりできない子」はその逆に、いくら説明しても飲み込みの遅い生徒、いくらやっても問題が解けなかったり、間違った答えを出したり、答えるのに時間がかかる生徒などから成る。

世の中に不公平はつきもので、たしかに頭の良い人もいれば頭のあまり良くない人も存在する。背の高い人もいれば低い人もいるし、やせた人もいれば太った人もいるというのと、同じようなもの。しかし、答えをすぐ出す生徒は、本当によくわかっていてその答えを得たのか、それとも、ちゃんとわかってはいないが、丸暗記したり、あるいは、ある一定のパターンにしたがって、このときはこう、あのときはああ、と答えれば良い点がもらえると、普段からそういう勉強をしているだけかもしれない。

一方、すぐに答えが出せない生徒のなかには、自分で本当に納得するまでは、誰がなんと言おうとじっくり考える、そして、根元にまでさかのぼってよく考え、あらゆる角度から問題を眺め、本質がわかったと思うまでは軽々しく答えないという『じっくり型』がいる。このような生徒は今の教育では、取り残されてしまいかねない。

それだけではない。いわゆる「良くできる子」も、このじっくり型に劣らず、ちゃんとした教育を行えば、自分で本当に考えるようになるのだ。それを、少し前の日本で流行った「ハウツーもの」的な内容ばかり強いて、それが勉強だ、学習だ、と思わせては、大きく言えばこれは国家的損失ではなかろうか。

3 「近頃の若者」を生み出したのは？

近頃の若者は汗して働くことをしない、モノづくりを真剣にやらない、理数離れが極端に進んでいる、などと言われ、それは若者の責任であるように言われる。はたして彼らの責任だろうか。前節に述べた、いわゆる「頭の良い子」、もっと極端に言えば、「要領の良い子」を生み出したのは最近の社会自身なのではないか。

このめまぐるしい社会では、じっくり考えるより、何かに際して素早く答えを出す能力、処理する能力が問われる。クイズ番組に代表される「ピンポーン。良くできました」では、とにかく短時間に答えることが要求される。そして、そのような能力が珍重され、いつもよい点数をとっていたような人間、何でも手際よく処理できる優等生は出世も早く、輝いて見え、周りの人からは羨望のまなざしで見られ、本人は会社や社会に貢献しているつもりであり、この社会は私のお陰で向上していくのだ、という自負心さえもつ。

このような人間、仮にそれをここでは「有能人間」と言うことにすると、その有能人間およびその人の局所的な周りはたしかに向上していくが、社会システム全体として見た場合、そのシステムの最適値、最高値に向かう方向にはつながらず、かえってシステム全体は下がってしまうことが多い。(13) 一人一人の有能人間は成功しているように見えても、その有能人間も含めた社会全体が沈んでしまっては何にもならない。局所的な最適化は必ずしも全体の最適化とは限らない。これは人がよく落ちる落とし穴だ、と言ってもよいのではないだろうか。

最近それに対する反省の声と共に、風潮が変化しつつある兆しが見える。それが喜ばしい方向に向かうかどうか、はっきりと見極める必要があろう。

4　これまでの日本の教育は「追いつけ追い越せ」

明治以来の日本は、「欧米に追いつけ、追い越せ」が合い言葉であり、富国強兵が国の目標であった。徳川時代の平和な鎖国から目覚めて見ると、世界、特にアジアは欧米列強の植民地と化し、独立国といえば、中国(支那)とタイ国ぐらいで、しかも中国は事実上欧米列強の勢力範囲に分割支配されそうになっているし、タイ

(13) 社会全体でなくても、企業の目前の利益を優先させて、かえってその企業をつぶしてしまう例が後を絶たない。しかもそれが深刻な問題を引き起こすから、その企業だけのことでは済まないのである。有機水銀水俣病事件の「日本窒素」、エイズウィルス輸血の「ミドリ十字」、それに最近では東海村の「JCO」の事件を考えるとよくわかる。

国はイギリスの勢力圏に組み入れられていた。北からはロシアが日本を狙っている。西からは、ドイツ、フランス、イギリスが日本に進出しようとし、東からはアメリカが日本に開国を迫り、屈服させようとしていたのが、幕末の日本を取り巻く環境であった。明治の人びとは、それを跳ね返すべく、欧米の進んだ科学技術を必死に学んだのである。

短時間でそれが成し遂げられたのは、徳川時代における日本の教育の高さが大いにモノを言ったことは事実だが、基盤がほとんどないところに近代工業技術を起こすのは並大抵のことではない。欧米の物まねができる人間、特に中級技術者が大量に必要とされ、即戦力が要求される時代には、何でも覚えて器用にこなしていく人材が貴重であったわけで、前に述べたような教育がそれなりの意味をもっていた。日露戦争に勝利した日本は、国家の安泰を保ったが、第二次世界大戦では敗戦の憂き目を見る。

戦後、日本は再び同じような立場に立たされた。戦争中、欧米から科学技術が伝わらなかったため、また、狂信的な日本陸軍の精神主義もたたって、日本の学問水準・技術水準は、一部の領域を除けば、考えられないほど低下し、敗戦の結果、国中が焼け野原になって、工業国としての日本の再建は無理ではないかと思われたほどであった。

再び、欧米に追いつけ追い越せの時代に日本は入る。そのとき何でもパッと考えて、手際よく処理できるものからやっていこうという態度が戦力になる。そして、人びとはそれまでに外国で得られていた知識を必死になって吸収しようとし、やり方を覚え、とにかく、形だけでも作っていこうとした。再び日本人の器用さ、それに、徳川時代以来の文化と教育の高さがモノを言って、日本は欧米に匹敵する工業国となり、モノの製造では欧米を追い越して世界一の地位を得るまでに発展した。今日の日本の発展は、そのような人びとおよび教育のたまものであるとも考えられなくはない。

事実、前にも述べたように、国際ナントカ学力コンクールで日本は常に高い成績を占めている。日本の教育は諸外国から高い評価を得ていると言っても決して過言ではない[14]。しかし、いつまでもこれでよいのか。二十一世紀にもわれわれは日本の教育を現在のようなやり方で続けていてもよいのか。今後必要とされる人材は、いったいどんな人材なのか。それは、従来とは異なった人材ではないのか。もしそうだとすると、教育も必然的に変わらなければならないことになるが、いったいどういうふうに変わらなければならないのであろうか。

(14) 数年前、イギリスBBC TVが日本の戦後の奇跡の復興を取り上げた一連の番組を放送したことがある。そのなかで、学校教育や塾に関して編成した『The Learning Machine』という番組があった。当時、私はあるイギリスの大学で日本の教育について講演をするように依頼されていて、「これをあらかじめ見ておいてほしい」とビデオテープが送られてきた。解説するアナウンサーの口調には何やら皮肉っぽいところがあったが、後にその一連の番組自身が輸入されてNHKから放送されたときには、日本語に翻訳されたアナウンスからはその皮肉めいた響きは消えていた。

5　二十一世紀に求められる人材とは？

二十一世紀にわが国に要求される人材は、どんな事柄にも正面から立ち向かい、未知の問題の本質を探り、予想を立て、自分でじっくり解決するような、想像力と創造力をもった人間であろう。しかもそのような人材が大量に必要とされる。

インドの織物を壊滅させたイギリスのランカシャーからその王座を奪い日本の輸出産業の花形になった繊維産業は、とっくの昔に台湾や香港、それに中国やその他の東南アジア諸国に追い越され、日本の繊維産業はアッという間に没落してしまった。鉄鋼、造船なども同じ運命をたどったのである。少し前までは自動車、現在は半導体産業がわが国の輸出の花形だが、いずれは同じ運命になるかもしれない。現にインドネシアやマレーシアでは国民車の製造が始まっているし、半導体産業やパソコンの組立てでは台湾、香港などが国際企業の一員として日本を凌駕しつつある。日本が技術移転したり、日本企業が国内での高賃金などの理由で海外進出すると、日本の産業の空洞化と競争力低下が必然的に起こるが、これはアメリカの産業などがとっくに経験したことである。

ところが、アメリカには底力がある。繊維や自動車では日本から追い上げられて政府ぐるみで無理難題をふっかけるというようなみっともないことを何度かしたが、航空機産業では世界で一人勝ち。半導体産業にしても、日本が圧倒的なシェアーを誇ったのは、メモリーと呼ばれる記憶装置であって、それは程度の低いもの。コンピュータの心臓部であるCPU（中央演算処理装置）では圧倒的にアメリカが世界を押さえている。スーパーコンピュータ問題でもアメリカ政府は自動車のときと同じような見苦しい真似をしたが、ウインドウズやインターネットのブラウザなどのソフトの面で他の国の追随を許さない。大学教育は日本より程度が低いなどと独りよがりなことを思っている日本人もいるかもしれないが、ノーベル賞受賞者の数を見るまでもなく、独創的な研究の量でアメリカは依然世界のトップを切って走っている。

斜陽国と思われたイギリスも、ユニークな発想と余裕ある思考という点では誰にも負けず、それが硬直した考えしかできなかったナチスドイツをイギリスが破った原動力だったかもしれない。決して奴隷にならないブリタニアのしぶとい人びと(15)は、昔と違ってわれわれはもう大したことはないよ、などと言いながら、彼らの言語

(15) イギリスの第二国歌ルールブリタニアの一節。

「英語」が今や国際語となったという事実の上に立って、軍事、経済の後にくる情報の時代にゆるぎない自信をもっているように思える。

もちろん彼らも悩みを抱えている。たとえば大学の数学のカリキュラムを比較しても、ドイツに比べてイギリスは明らかに程度が落ちるし、高校で三科目しか履修しなくてもよいという伝統をなかなか変更できない悩みもある。スコットランドでは三科目でなく五科目必修だが、それでも学生があまり勉強しなくなったと言って先生が嘆く有様はどこの国でも同じ。しかし彼らは何でもクソ暗記してそれを試験のときに紙の上に吐き出す、というような態度、これをある人は「録音再生型学習[16]」とうまい名を付けたが、そういう学習のやり方はしない。

イギリスの学生もものすごく勉強するのだが、日本のようにそれが塾通いというような形で表《おもて》に現れることはほとんどない。ケンブリッジやオックスフォードをはじめとするエリート校では、ガリ勉することは恥ずかしいことであって、それを他人に悟られるようなぶざまなことは彼らには絶対したくないこと。しかも、これらのところには非常に優秀な学生が多く、次の世代に通用する、想像力と創造力をもつ人びとがその中にごろごろいる。

ただ、彼らの悩みは、いわゆるエリート校に入ってくる学生は昔はよい家庭の育

(16) 朝日新聞平成九年十月十八日付朝刊に載せられた小長谷有紀氏のことば。そこでは「安直に記憶することを好むのが『日本型学力』の一つの特徴であろう。規格品を大量に作ることを目指した産業社会にとって、勤勉で均質な労働力を生み出すためにこうした『日本型学力』は確かに有効であった。それが『二十世紀型学力』でもあった。しかし、『二十一世紀型学力』はその延長線上にはなさそうである」と論じられていた。

ちだったため、教養豊かであった、すなわち、それは家庭の中で自然に育まれてきていたのに比べ、現在ではどんな家庭の子弟でも入学してくるため、従来は家庭で自然に行われていた教養教育まで大学でやる必要が起こっていること、および、生まれながらに優秀という学生はその数がどうしても少ない、ということである。

イギリスでの大学進学率は日本とは比べものにならないぐらい小さい。来るべき二十一世紀に必要とされる人材は、上記のような個性と創造性をもった人びと、すなわち、独創性をもった人びとで、しかもそれが大量に必要だから、そのような人材供給に彼らも自信をもてないというわけで、それが彼らの悩みと言えよう。

わが国の大学進学率はイギリスとは比較にならないほど大きいが、従来のような「録音再生型」教育を続けていたのでは、前節に述べた「じっくり思考型」の人間は切り捨てられてしまうばかりでなく、本来ならば豊かな個性をもち独創力を秘めている有為なる人材を、勤勉で均質な労働力を生み出すために、無理に均一化し摩耗し尽くしてしまうという危険性が非常に高い。そのような人びとの才能を十分に伸ばし、独創性を発揮できる人間に育て上げなければ、わが国は二十一世紀には生き延びられないかもしれないのである。

どんな事柄にも正面から立ち向かい、未知の問題の本質を探り、予想を立て、自分でじっくり解決するような、想像力と創造力をもった人材が大量に必要だ、などと簡単に言われても、そんな能力をもった人間は天才だけで、天才がそれほど大量に生まれるとは考えられない、と考える向きもあろう。だが、ふつうの人間を、そのような能力をもった人材に育て上げるのが教育なのではなかろうか。

第2章 パソコンとインターネットで学校は?!

人間が発明した道具のうちで、コンピュータに敵うものは今までのところ見あたらない。こんな『人間の頭脳の代わりまでしてくれるもの』をわれわれは今までもったことはなかった。今の壮年期の人がテレビ時代に育ったように、若者はコンピュータと共に育つ。

教育の現場にもコンピュータが導入されて、何年も経った。しかし、それらを教育のための道具として十分使いこなしているだろうか。現場の種々の問題解決にコンピュータとネットワークを効果的に活用する方法は何だろう。

知識や情報は、それをとってくる方法さえ覚えたら、誰にでも容易に入手できるようになった。その意味では、先生も生徒も「同じ土俵にいる」事態が生じている。

しかし、そうやって情報をとってくるだけで、それでよいのだろうか。情報の山に埋もれてしまうのでなく、価値のある情報を効率的に取り出し、それをどうやって選別し、どう活用するのか。

先生方はもはや生徒に一方的に知識を授ける、すなわち、『教える』のではなく、生徒自身が価値ある情報を獲得し、自ら考えられるように『育てる』というふうに心構えを改めねばならない。それには具体的にどうすればよいのか、十分考えるべき時がきている。

1　コンピュータ時代がきた

現在がコンピュータの時代であることを疑う人はいない。実際至る所にコンピュータ、特にパソコンが使われていて[(1)]、計算や事務処理を素晴らしい速さでやってくれる。非常に複雑で、人間にはとてもできないような計算や、人間がやる場合にはよほど注意せねば間違うような計算も、猛烈なスピードで正確に行い、答えを出し、その結果を表やグラフの形で示してくれたり、文書もきれいに印刷してくれ

(1) コンピュータにはスーパーコンピュータからマイクロプロセッサーまで、いろいろあるが、ここではパソコンを主として考える。

たりする。しかも、コンピュータは人間と違い、大量のデータの処理が得意で、人間の命ずるままに、文句も言わず、夜も眠らず、黙々と仕事をしてくれる。食事の心配もいらず、ねぎらいのことばをかける必要もない。もちろんストライキなどしない。

昔、人力、特に奴隷の労働力に頼っていた力仕事を現在ではブルドーザなどの大型機械が能率よくやってくれるようになったが、人間の知的活動のうちのある部分を、人間よりはるかに素晴らしい能力でやってくれる強力な援軍[2]を、われわれは今日所有しているのである。

パソコンは、それ単体でも、昔の大型計算機に勝るすごい性能をもっているが、自分のパソコンがインターネット[3]につながると、世界中の他のコンピュータがあたかも自分のコンピュータのように使えるようになる。もちろん、そんなことを無制限に許したら大変だから、各々のところでは、他人に使える部分と使えない部分とを分けて、何もかも公開するわけではない。しかし、たとえば「誰でもどうぞお入りください」とされているところに入ると、ファイルすなわちデータ[4]をとってくること（ファイル転送）だけでなく、そのコンピュータのＣＰＵをあたかも自分のもののように使えるのである（リモートログインと言う）。

（2）これを私は「知能奴隷」と言いたい。最近は、ノートパソコンなどの情報機器を持ち歩くビジネスマンも増えてきた。彼らは、電子秘書を常に帯同しているのである。

（3）インターネットは、当初、原爆を投下されても生き残れるネットワークとしてアメリカ国防省が開発したものであったが、一九八三年に別に大学や研究教育機関のためのネットワークシステムが構築されて、これが現在のインターネットに発展していったのである。わが国では、インターネットへの個人接続がここ三年で二倍になったという。今後、普及率は急激に増すと思われる。

これらの機能が、インターネットを構築したときに将来最も使われるであろうと思われた部分であった。ところが、開発者の予想を裏切って、電子メールのほうが圧倒的に人気が出て、ファイル転送とか、リモートログインすることなどは思ったほどみんなが利用しなかった。むしろ情報交換の手段、または「おしゃべり」の手段として、最もよくインターネットが使われるという結果になった。まるで「人間はコミュニケーションを好む動物だ」ということが証明されたようなものであった。

もちろん、ファイル転送やリモートログインがあまり利用されなかったのには別の技術的な理由もある。昔のパソコンは低機能であったが、半導体技術が人びとの予想を上まわって進み、パソコンが高性能化し(5)、よほど高度なことでなければ何でも手元でできるようになったから、現在では、わざわざ遠距離のコンピュータにつなぐ必要がほとんどなくなったのである。しかも、実際に遠隔地から他のコンピュータにリモートログインしてみるとすぐわかることだが、通信回線の問題があって、渋滞がひどく、あたかも自分のコンピュータのようにはスイスイ使うことなど無理な相談であることが多い(6)。

一方、電子メールのほうは、データの情報量が小さいから瞬時に送れる(7)し、電話をかけるのに比べると、相手が出ようと出まいとメールを一方的に送ってしまえば

(4) CPU＝central processing unit 中央演算処理装置。すなわち、そのコンピュータの心臓部で、それで計算しているところ。

(5) コンピュータの性能は大ざっぱに言って一・五年で二倍になる。

(6) 私もオーストラリアやカナダから、日本の大学のコンピュータ・システムにリモートログインしてみたが、とても速度が遅くて、ぜんぜん使い物にならなかった。インターネット上にあまりにも多くの情報が流れているからである。

(7) 技術的に言うと、パケット交換システムというのを使うから、瞬時

よい。また、時差の問題も解消してくれるから、皆が重宝したのである。

電子メールと、近年利用が頻繁になったファックスについて比較してみよう。電話は原則的には当事者二人がしゃべる、すなわち、通信する道具である。一方、ファックスも同じことができる。ただ、音が出なくて、同時の相互やりとりができないだけである。その代わり、同報通信と言って、何人もの相手に同じ内容のファックスを送ることが容易にできる。相手のファックス番号を登録した一覧表さえ作っておけば、同じ内容のファックスメッセージをそれらのところに一斉に送ることができるのである。しかし、これは不特定多数を相手にする放送と同じではない。自分の業界、取引先、仲良しグループ、趣味の会、同窓会など、目的別に送付先グループの宛名一覧表を自分で好きなように作成することが可能である。

インターネットの「メーリングリスト」はこれと同じ、いや、それ以上の機能をもっている。インターネットが実用化され始めた当初から、電子メールは人間と人間とをつなぐ非常に便利な通信手段であった。それは単に二人の人間のあいだの電話連絡やファックス連絡の代わりをつとめただけではない。「メーリングリスト」と呼ばれるものを作ると、ファックスの同報通信と同じように、ある人が発信したメッセージはそのメーリングリストに登録されているすべてのメンバーに瞬時に送

ではない。パケットとは小包のこと。インターネットでメールなどを送る場合、行き先荷札をつけられた小包（パケット）という形で細切れにして送り、受け取った側でそれを組み立ててもとの一連のファイルに戻す仕組みになっている。パケット交換という仕組みは、通信量の殺到にも比較的強いという特長をもっている。それは阪神大震災のときにも証明された。

られる。それだけではない。受け取った側は、返事なり自分の意見を書いてそのメーリングリスト宛に返信すると、そこに登録されているメンバー全員に自分の書いたメッセージが届くのである。阪神大震災のときには、人の安否を気遣うメッセージがこのようなメーリングリストに書かれ、大いに活躍した。ラジオやテレビの放送でも、新聞でも、死亡者の名前を読み上げたりするが、情報は遅れがちで、また、聞き落としたり、見落としたりして把握しにくい。

その点、自分の仲間内での通信網だと本当に欲しい人の安否の情報が手にはいることになる。これはファックスの同報通信ではできない相談であった。ファックスの同報通信はあくまでも、中央から末端へ、上から下への通信手段なのであるが、インターネットのメーリングリストは登録者全員がまったく同格な水平的なつながりをもったものなのである。(8)

今や、パソコンをケーブルでインターネットに接続すると、単にメールが打てるだけでなく、そのパソコンはアッという間に非常に便利な情報機器に変身する。ケーブルでつながれたパソコンから、あらゆる情報、データが簡単に自分の手元に取り入れられるからである。これは、WWW(9)とブラウザが広く普及して、前述のファイル転送の機能が非常に進んだことに負うところが多い。しかも、インター

(8) したがって、ファックスを送る中心部分が被害を受けるとサービスは停止してしまう。それに対して、メーリングリストだと、どこかが被害を受けても迂回路を通って通信が続けられるようにもできる。実際は、そのメーリングリストの世話をする人が立ち上げているサーバがダウンするとそのメーリングリストは機能しなくなるのがふつうであるが、複数の人が面倒を見るようにすることも可能。

(9) WWW＝World Wide Web（ワールド・ワイド・ウェブ）。ウェブというのは、クモの巣のこと。インターネットは世界中にクモの巣のよ

ネットを支える通信基盤が豊かになるにつれ、文字情報や簡単な絵図情報だけでなく、ステレオ音響、ビデオ映像を含むようなマルチメディア情報を載せることが可能になった。

以前は、『コンピュータ、ソフトがなければただの箱』と言われたものであったが、現在では『コンピュータ、ケーブルがなければただの箱』という有様である。数年前にはインターネットは非常にホットな話題であり、インターネットを知らなければ時代に遅れる、というような空気があった。ところが、今ではインターネットは日常生活に入り込んでしまった。

総理府が一九九九年二月六日発表した「将来の科学技術に関する世論調査[10]」によると、国民の約四人に一人が仕事や家庭でパソコンなどコンピュータを利用しており、そのうち四割以上の人がインターネットやパソコン通信などのコンピュータ・ネットワークを活用しているということである。ネットワーク利用者は若い人ほど多く、十代は全体の60・0パーセント、二十代は55・7パーセントに達しているが、若い世代だけでなく、五十代で38・3パーセント、六十代で31・7パーセントと、中高年層でも三割を超えた[11]。

この調査は一九九八年十月と十一月に、一八歳以上の三千人を対象に実施された

うに張り巡らされたネットワークであるが、それに接続されているユーザが利用できる情報提供の形式。単にウェブということもある。

(10) 一九九九年二月七日付日本経済新聞。

(11) ただし、科学技術の発達に伴う課題に関し、「悪用、誤用の危険性が増える」と回答した人は63・4パーセント。「どちらかというとそう思う」の20・6パーセントと合わせて、84・0パーセントの人が不安を示した。前回78・0パーセントだったのと比べ、不安感が増大している。

もので、二一一五人から有効回答を得た。「コンピュータを使っている」と答えた人は全体の27・8パーセントで、前回調査（九五年実施、21・2パーセント）から6・6ポイント、前々回調査（九〇年実施、16・1パーセント）からは10ポイント以上上昇した。職業別に見ると、「管理・専門技術・事務職」が69・4パーセントと最も多く、主婦は8・4パーセントであったという。

インターネットの応用分野の拡大は、通信と放送のあいだの垣根を取り外す勢いである。実際、世界各国のラジオ放送やテレビ放送をわれわれは居ながらにしてインターネットを通じて聞いたり見たりすることができる。(12) ベルリンの壁の崩壊や、天安門事件も、ラジオやテレビを通じて世界各地で様子を知ることができたが、現在ならば、それらの情報はインターネットで得られる。しかも、情報の流入を止めることは、各国の政府にはもうできない相談になってきた。そのことが、ソ連崩壊までつながる大きな力になったのである。

また、暗号化技術の進展とともに、インターネット上で商取引を行うための電子マネーや電子市場の技術も誕生した。これらはデジタル化が情報だけの世界から一歩踏み出したことを意味する。このほか、全世界のコンピュータが、国境という社会・経済制度と独立した分散管理のインターネットでつながったことは、国際社会

(12) 現在すでに、欧米のみでなく、発展途上国からの放送も数多くインターネットに流されている。日本はその点ではひどく後れている。

の成立ちにすら影響を与えはじめている。当然、教育の分野も大きな影響を受ける。

近頃は、大学のみならず、小中高の各学校でも、文字情報だけなくマルチメディアを華麗に駆使したホームページを作っているところが増えてきた。また、インターネットを通して学校間の交流が盛んに行われている。地理的にも、沖縄と東北だったり、中国地方の僻地の学校と北海道の学校の生徒が、意見や作品を交換したり、動画を見せあったり、郷里の情報を伝えあったりして、自分たちとは違う土地の風習を知ったり、雰囲気を味わったりする。共同で物語を作ったりもする。これは生徒たちにとって大いに興味を引かれることである。日本国内だけでなく、世界の他の国とのあいだでの交流も同様の手段で簡単に行える。ただし、言語の壁の問題があって、国内のようにはいかない(13)。

日本中のすべての学校がインターネットで結ばれるのも間近い。情報ネットワークをこのような交流に利用することは今後ますます盛んになるであろう。われわれはテレビなどのマスメディアを通じて、自分の身の回り以外の世界について情報を得ているが、学校や生徒のインターネットによるつき合いは、前述のメーリングリストが放送などのマスメディアと違う個別・固有の情報交換をもたらすのと同様に、水平的なつながりをもった、意義のある交流を促進する。そこでは双方向的に発信

(13) その点で、英語圏の国は羨ましい。イギリスとニュージーランドの学校が交流している様子がBBC放送で放映されていた。そこにはことばの壁は存在しない。

受信できるというインターネットの利点が遺憾なく発揮できる。現在のインターネットでは情報伝達速度や渋滞の問題もあって、満足な映像を即座に送ることはできないが、次世代インターネットである情報スーパーハイウェイが完成すれば、もっときめ細かいこともできるようになるであろう。

しかし、このような遠隔地交流が遠隔教育だと勘違いしたり、インターネットでできる最大の収穫はこれだ、と思い込むのはちょっと困る。パソコンとインターネットを使って、他にもっと本質的な、どんなことができるのか、本書で考察を加えていきたいのは、実はそのことなのである。

2　Eメールと電子掲示板のはたらき

学校にもよるし、先生の個性にもよるが、一般に日本人の悪い癖として、教室であまり質問をしないことがあげられる。つまらぬ質問をして皆に馬鹿にされることを怖れたり、皆に気兼ねして質問しない、などということが多い。アメリカの大学ではまったく気風が違う。彼らは自分がわからないのは先生の説明が悪いからだと言わんばかりに、どんなつまらぬことでも、自分が納得するまで食い下がって質問する。

私は、日本の大学での講義の最初には、このことに触れ、「恥ずかしがらず、ちょっとでもわからないことがあったら、すぐ質問しなさい。こんなことは他の人はわかっているだろうから、質問して時間を食ったら迷惑にならないか、などと思わず、自分がよくわからないのだから他の人もわからないはずだ、ひとつ私が代表になって質問しよう、というぐらいの気持ちをもって欲しい」と言うことにしている。

さて、ある高校で、学習時に質問したい事項が生じたとき生徒が「何にとらわれるか」について調査した結果が下の表である。この結果から見ると、生徒が最も気にしているのは、質問の「内容」についてであることがわかる。

そこで、アンケートのなかに「質問するとき、あれば便利なものを挙げてください」という項目を設けたところ、「気がねなしに質問できる質問箱」、「いつでも質問に答えてくれる機械」などが多く、なかには、「一緒に考えてくれる人、すぐに答えを言わず、ヒントをくれる人」という意見があった。このことから、生徒にとって周りを気にすることなく質問できる何らかの『場』の存在が望ましいことが

単位%，複数回答

	質問の内容	質問の相手	質問の時刻	質問の場所
理数コース	53.3	57.8	28.9	22.2
普通コース	63.3	33.3	17.4	15.9

わかった。

前節に述べた、メーリングリスト[14]はこの要望を満たしてくれそうであるが、もう少し分析してみよう。彼らが欲している「場」は

1　試行錯誤が十分に行える
2　質問がしやすい[15]
3　生徒どうしの対話ができる[16]
4　時間帯に拘束されない
5　場所に拘束されない

というものである。第2章の1節で述べたように、インターネットでは、最初は電子メールやメーリングリストだけしか使えなかったが、今ではWWWとブラウザが日常的に使われるようになって、メーリングリストの代わりに、各人がもっているホームページに文字どおり掲示板の形をした「電子掲示板（BBS）」[17]が作られ、そこへ好きなことを書き込み、皆が読めるようになった。この「電子掲示板」を、生徒が自由に書き込め、先生への質問[18]にも、自分たちの討議にも利用できる「場」

(14) メーリングリストの具体例についてはこの章の4節に詳しく述べる。

(15) これには、先生に対する質問の内容が他の同級生には知られたくないということも含んでいると考えられる。

(16) 教授者と学習者の双方向だけでなく、学習者どうしの議論の方がより大切であることは、見落とされがちである。

(17) BBS = Bulletin Board System

(18) 先生への質問は、他人に見られたくないときはメールを使えばよい。しかし、前に書いたように「級友の代表として」質問するぐらいの気概があって、他人にも見られる掲示板で質疑が行われ

として用いようという考えが浮かぶ。[19] それが前記の五つの条件を満たすことは明らかであろう。もちろん、これは生徒がすべて学校にあるパソコンや家庭からネットワークに自由にアクセスできる環境下での話だが、そのような環境はここ二、三年で到来すると思われる。[20]

メーリングリストと電子掲示板の主な違いは、前者は自分のメールボックスを開いたとき、自動的にそこへ配送されるのに対して、後者はその掲示板をブラウザで開いて見に行かなければならないことであろう。すなわち、それを管理しているサーバに電子掲示板がおいてあって、そこへ書き込んでおくと、それを読みたい人が見に行くという形をとる。

われわれは毎日、自分の家の郵便受けに、新聞や手紙が来ていないか見に行く。見に行くといっても、それは門か玄関のところまで足を運ぶだけである。[21] 一方、どこの学校にも学生・生徒向けの掲示板があって、休講通知や学生への伝達事項などが掲示されるが、各自そこへ行ってその掲示を見て、必要ならば写し取らなければならない。郵便受けのほうには、強制的に手紙が配達されてくるから、受け取らないわけにはいかないが、[22] 掲示板の方は、いやならば見に行かなくともよい。メーリングリストと電子掲示板の違いもこれと同様である。[23]

る方が望ましい。そうすれば、生徒どうしの討論が誘い出されるからである。

(19) よく「教室にパソコンを」と言われるが、『パソコンに教室を』である。

(20) そういう環境にないところとのあいだには「情報格差」が生まれるおそれは十分ある。

(21) これはメールソフトを立ち上げて、メールが来ているかどうか見ることに相当する。

(22) もちろん、中身を見ずに捨ててしまうことは可能だ。メーリングリストでも同様である。

(23) どちらが優れているかは一概には言えない。

文字情報や簡単な絵図情報だけでなく、ステレオ音響、ビデオ映像を含むようなマルチメディア情報をインターネットに流すことが可能になったから、先生が掲示板に教材やヒントを書き込むときには、「凝った」内容を載せることもできる。もちろん、学習者側からもそれは可能だが、それをやりすぎるとネットワーク上の情報の混雑の問題が起こる。大切なのは質問や討論の内容のほうだから、テキスト形式で書き込めればそれで十分である。双方向性をもつことが本質で、当面はテキスト形式を主体としたシンプルなシステムで十分であろう。

この掲示板は、当然先生どうしの情報交換にも使える。先生方が交換したい情報には、自分の教科に関連する知識もあろうし、生徒指導の方法に関する一般的なものもある。すでにそのような役割を果たしているメーリングリストや電子掲示板はいくつも存在する。[24] また、先生と生徒のあいだの連絡や父兄とのそれも、従来の方式に加えてネットワーク上で行う機会を増やすことも可能である。[25]

この「メールと電子掲示板」というネットワークでの道具の活用が、「イジメ」や「落ちこぼれ」、「理数離れ」、「点数主義」などの現在の学生・生徒が抱えているようなさまざまな問題を一挙に解きほぐす「妙手」であるかどうかは疑問だが、メールと電子掲示板という「ネットワークでの道具」の活用が、これらの問題の解

(24) この章の4節に例をあげる。

(25) この場合は、公開でない方がよいだろう。メールのやりとりでやる方が、登校拒否問題などになると、面談するよりかえって効果のある場合もある。

決に対してひとつの手がかりにはなるかもしれない。
この電子掲示板やメーリングリスト、またはそれらが結合されたものは、次章に述べる遠隔教育システムにおいても教室の代役を演ずる「バーチャル・クラスルーム」として機能するし、また、教材開発に際しても、先生方の討議や共同作業の場、すなわち、「電子会議室」として使える。それについては、次章以下で述べる。また、将来の発展に関しては、第6章に夢を交えながら述べてみたい。

3 「コンピュータを使いこなす」先生とは？

一九九八年八月六日付日本経済新聞に、「先生はコンピューターに苦戦？『授業に活用』、まだ22％」という見出しで、次のような記事(26)が載った。

「公立学校の教員の半数はある程度コンピューターを操作できるものの、授業で活用できるほど使いこなせる教員は2割程度に留まっていることが八月五日、文部省の調査（一九九八年三月末時点）でわかった。それによると、校内に一

(26) 日経パソコン一九九八年八月二十四日号21ページより引用。

台でもコンピューターを置いている学校は高校で１００％、小・中学校でも95％強。ただ、インターネットに接続している学校は19・３％。ワープロで文書を打つなど『操作できる』教員は49％だったが、教育用専門ソフトを使って授業に活用できる割合は22・３％に留まっている。」

これは、こと先生とコンピュータに関しては、(27)わが国はアメリカだけでなく、他の諸外国(28)と比べても、随分遅れていることを示している。しかし、問題は、右の記事のうち、『授業で活用できるほど使いこなせる』と『教育用専門ソフトを使って授業に活用できる』という部分であろう。「授業で活用する」とか「教育用専門ソフトを使って」とは、いったいどういうことを指しているのであろうか。

何年か前までは、授業のときにコンピュータを使ったりすると、「また、子供を玩具で遊ばせている」と思うような先生のいる学校もあった。しかし、今ではそのような先生方も考えが変わっているだろう。自分がコンピュータに無知であることを恥じたり、自分にはついていけない困った時代になったと思うようなことはあっても、コンピュータが教育に役立つ可能性を秘めていることは認めざるを得ない。

ただ、今でも、受験には直接役立たないので、「授業で使うのは意味がない。課外

(27) この章の1節に述べた総理府の「将来の科学技術に関する世論調査」から見ると、「先生は後れている」と直ちに結論付けられるかどうかはわからない。コンピュータに関することは日進月歩だから、半年も一年も経つと、状況が変わる。

(28) ヨーロッパ諸国は案外後れている。先進国はやはり北米や豪州などであろう。イギリスでも、先生の習熟度に関しては日本とそれほど変わらない。

活動などで親しんでもらいたい」と考えている先生は大勢いる。特に進学校では、父兄にもそう思っている人びとが多い。実際、入学試験のとき、コンピュータや電卓は持ち込めないから、それも無理はなかろう。(29) 今の受験制度のもとでは、近い将来、入試にコンピュータや電卓を持ち込むようになるとはとても思えない。(30) 受験塾でコンピュータを活用するのは、事務処理や進学率の予測などに対してであって、授業においてではない。

ところが、学校によっては、熱心な先生が、教材作成などにコンピュータを大いに活用しているところがある。もちろん、ワープロで教材を作成するのは今や当然のことになっているが、インターネットに接続して、教材化できる情報を得て、それを印刷して配ったり、または、教室にコンピュータとディスプレイやプロジェクターを持ち込んで、生徒にそれらの情報や自作の教材を見せることも可能になった。

インターネットはある意味では宝の山であって、実にいろいろなホームページが閲覧できる。そしてそれらのページのなかから好きなものを写し取ってくる（コピーする）ことは至極簡単である。いくつかの教育関係の大学などが、教育教材作成用に親切に作ってくれているページもある。動画や音声付きのページもマルチメディア画面として教材に簡単に取り込めるから、教科書や参考書などより変化のあ

(29) 入試科目に情報やコンピュータが取り入れられるようになったが、あれは逆の効果しか生まないのではないかと私は危惧している。コンピュータという科目が点が取りやすければ受験生がその科目に殺到し、そうでなければ誰も勉強しようとしない、というようになるかもしれない。

(30) 大阪産業大学では二〇〇〇年度から、筆記具の代わりにパソコンを使い、インターネットにつないで答えを探し論文にまとめる能力を見る全国初の試みを行う。ただしこれは、定員5名の特別枠。また、兵庫県西宮市にある聖和大学大学院でも、同様な入試方式を導入した。聖和大学は幼

る教材がインターネットのお陰で容易に作れるようになった。参考にすべきことを親切に解説したり、疑問に答えてくれたり、ホームページを作成する際に使う道具類を無料で提供してくれるホームページなどがいくらでもある。したがって、先生に「やる気」と「根気」があれば、自分なりに納得のいく教材作成が容易に行える。

こういうふうにコンピュータを使いこなせるということが、本節冒頭に引用した、文部省の言う「授業で活用できるほど使いこなせる教員は2割程度に留まってい る」ではないかと推察される。その数字は今のところその程度かもしれない。しかし、コンピュータの進歩の速さは、ハードウエアのみでなくソフトウエアについても目覚しい。たとえば、昔はホームページを書くのには、html(31)という言語を勉強する必要があった。今ではそんなことをしなくても、ワープロさえ打てれば、簡単なホームページならばすぐ作成できる。ちょうど、コンピュータといえば昔は、フォートランとかベーシックなどのプログラミング言語の習得が必須であったのに、今では、表計算ソフト、データベース用ソフトなどの便利な道具ができて、ワープロ感覚で使えるようになったのと同様である。このようにコンピュータはますます使い勝手がよくなってきている。だから、先生方の多くが「授業で活用できるほど使いこなせる」ようになるのは時間の問題であろう。

稚園の保母さんを養成する大学として歴史が古い。

(31) html = Hyper Text Markup Language 画像や音声、ビデオなどのデータを含んだ文書ファイルの書式で、ホームページ記述言語の一種。今はこれが標準になっている。

しかし、このようにインターネットから教材を選んできて、従来型の教育方針で学校教育をやるのが、はたして「授業で活用する」ことなのであろうか。そういう受け身の使い方だけが、インターネット利用法だと思ってよいのか、という疑問が残る。学生や生徒も、インターネットを「便利な図書館」と考え、情報を引き出してきたらそれで終わりというのでは、単なる「調べ学習」の域から一歩も出ない。しかも、ちょっと調べてレポートのようなものを書いて、ひとかどの仕事をしたような気になったりする。もっとひどくなると、わからないところは先生にメールを送ってすぐ質問するという「聞きまくり学習」になりかねない。

インターネットによってたしかに大量の情報が容易に得られるようになったが、血のにじむ努力で得た生の情報と比べると、その差はインスタントスープとシェフの作った本格的なスープとの違い以上のものであろう。生の情報には、見えないところに『隠された情報』が山のようについているからである。

それより、私には「教育用専門ソフトを使って授業に活用できる」と言う方がさらに気になる。このことについては、後に検討を加えたい。[32]

(32) 第4章4節で詳細に論ずる。

4　先生の役割は「教えるから育てる」へ

従来の教育では、先生が「教える側」で学生・生徒は「教えられる側」であった。これは教育が一方通行で行われていたことを意味する。しかし、インターネット時代に入って、世界中の情報が誰でも容易に手に入れられるようになってみると、先生と学生・生徒の関係は、あたかも従来の大学院（特に博士課程）におけるもののごとき様相を呈するようになる。すなわち、先生は「教え込む」のではなく、学生・生徒が自発的に学習するのを、「援助する」というふうに役割が変わってくるのである。

大学院生や研究者が用いる研究方法は、昔から、書物を読み、辞書や百科事典などを引き、今までなされた多くの人びとの研究結果を論文で調べ、事例に当たり、識者の知恵を借り、そして、自分の頭で考えて研究を進めるのが常であった。さらに、計算したり、実験したりしてデータを蓄積する。また、書物や出版物、計算結果、実験などから得られたデータを見て、仮説を立て、それを検証するというような作業もする。そして、研究成果を学術論文の形で発表するのである。

関連情報は、ふつう、研究論文に載っている参考文献を調べる、いわゆる、「孫引き」から得られることが多かった。これからの情報化社会では、そのような方法によって獲得される知識はほとんどインターネット、あるいは、それをさらに進めた情報スーパーハイウェイ上で得られるようになる。すなわち、書物等から学べる知識はすべての人の「共有財産」としてのデータになり、誰でも容易に得られるのである。したがって、大学院生や研究者が研究を進めるときに情報を集めるのと同じやり方で、大学生をはじめ、中学生も高校生も、自分に必要な情報を集め、自主的に学習を行うことができる。

もちろん、自分で実験したり計算したり、仮説を立てて検証するというようなことが不必要になるわけではなく、生の情報を集める努力が大切であることに変わりはない。何もかもがインターネットで得られるということではない。ここが大事なところで間違えてはいけない。他人の研究や業績から得られる情報のみに頼っていた部分は、どこから情報をとってくればよいかを的確に知っていれば、インターネットなどで容易にその作業が行えるようになっただけなのである。しかし、今まで先生が一方的に学生・生徒に与えてきた『知識』は、彼らが自分で得ることができるようになった。先生の役割は、必然的に変わってくる。

昔は、物知りである、知識の量が多い、ということが大きな価値であった。ところが、現在では、コンピュータとインターネットなどのおかげで、知識は誰もがいくらでも手に入れられる。問題は、そのような知識を「鵜呑み」にせず、自分自身で納得するまで考えるかどうかなのである。第1章に書いたように、二十一世紀に必要とされる人材はそのような人びとであって、自ら、好奇心に満ちて、探求していく人間が要求されているのである。先生方は、そのように生徒を導かねばならない。

問題は先生の意識であろう。単に「先生であるという権威」に頼るだけでは、先生としては失格で、その人が先生であるから尊敬されるのではなく、尊敬に値する人物ゆえに先生として尊敬される、というのでなければならない。

それでは先生は、いったいどういう人物であるべきだろうか。

まず第一に、学生と同じように新しいことを「勉強」するぐらいの心構えをもっていないといけない(33)。しかも、知識だけを教え込む存在ではなく、価値ある知識をどうやって入手するか、その入手したものをどうやって自分のものとして身につけ、拡げていくかの方法と知恵を授け、アドバイスする存在になる必要がある(34)。もちろ

(33) 近頃は先生より学生・生徒の方がパソコンやネットワークの利用法に詳しいことが多い。先生は気取らずに「私にも使い方を教えて欲しい」と言えばよいし、またそう言えるような先生なら、生徒は決して先生を馬鹿にしたりはしない。自分を隠さずにものを言う先生をむしろ尊敬するようになる。得意になり、そのために彼らが勉強好きになって、成績が上がる効果さえ見込める。

(34) インターネット上には情報が溢れている。価値あるものもそうでないものも混じっている。それをどう選り分けるかが一つの問題である。

ん、それが先生の役割のすべてではないが、重要な部分を占める。一言で言うと、生徒が自ら勉強するのを手助けする存在となるのである。そのとき、折に触れて生徒の「目線」まで下りる必要があるが、そうは言ってもいつも目線を下げっぱなしではいけない。

ひとつのエピソードをここで紹介しよう。私が小学生だったときの話である。ある日、担任の先生が次のような質問をされた。「電車が動いているかどうかは、どうしたらわかりますか？」小学生の答えは千差万別であった。「車輪を見ればわかります」、「小さいランプ(35)が点いているか消えているかでわかります」などなど。それに対して先生は、「電車でなくて自動車だったらどうですか、人が動いているのだったら」と言われた後「静止しているもの、たとえば、向こう側の木や建物などとの関係を見ればわかる」と教えてくださったのである。

私は目から鱗《うろこ》が落ちる思いであった。何たる一般性。しかも表現が抽象的である。そうか、物事というのはそういうふうに考えるのか、と小さいながらも大いに感心したことを今でも覚えている。

先生は生徒に対しては「一日の長」ある存在である。幼い生徒が気がつかないような、体系的なものの考え方に彼らを導いてこそ、先生たる値打ちが出る。つまり

(35) 当時の国鉄電車（省線電車と言った）は、屋根に近いところに小さい電球のランプがあって、ドアが閉まるとそれが消える仕掛けになっていた。したがって、ランプが消えると間もなく電車が動き出すのである。小学生はそういうことは観察して発見していた。

「勘所」は押さえておかないといけないのである。

さらに言えば、先生は自分の教科に関して、より一層、磨きをかけておかなければならない。教科に関する知識をリフレッシュする意味では、近頃先生の再教育を熱心に行っているところが増えつつある。実際、日本全国に付属中高をもっているある私立大学では、付属中高の先生方を夏休みに合宿させて、再教育を行っている。また、大阪の私立中高の数学の先生方は、自発的に研究会(36)をつくり合宿を何年来も続けてきた。このような、先生の再教育(できれば上からの押しつけでなく、自発的な勉強会のようなものが望ましい)を今後はインターネットを用いて効率的に実施することが検討されるべきで、実際、具体的にそれを行っている人びと、さらには、組織的な遠隔教育制度を考えている人びとも多い。何しろ、遠隔教育は勉学意欲に燃えている人びとを対象にしないと成功しないし、学校の先生というのはそのような人びとであるからである。

そのようなシステムが制度として完備していなくても、前述したように、メーリングリストや電子掲示板を活用すれば、少なくとも先生が情報を交換したり質問しあったりすることが容易に行える。

ひとつ例をあげると、私も所属しているメーリングリスト(37)にMathEduというの

(36) 江副良之先生が中心になって、「私立学校教員の資質を高めるために」一九六九年に発足。現在会員数約八百名。毎年夏に大学の先生方を講師にして、高野山で三日間合宿を行う。また、春・秋には大阪市内で講習・講演会を実施している。そこでも、数学と共に、コンピュータやインターネットをいかに活用するかの研究発表が常に行われる。もちろん、この合宿や講習・講演会は親睦の意味もかねている。私も講師の常連である。近頃は公立学校の先生方の参加も増えたし、兵庫県からの参加も多い。

(37) ここで紹介するMathEduという数学のメーリングリストの他に、

がある。これは愛知教育大学の飯島康之先生や山梨大学の成田雅博先生が運営してくださっているものだが、日本全国の多くの人びとが参加して、毎日たくさんのメールが開陳される。参加している人びとの顔ぶれは多彩で、大学生・大学院生や大学の先生もいるが、多くは中学や高校の先生方である。今まで見ていて興味深かったいくつかの例を、そのままの形であげてみたい。

最近、ある人から「数学の基礎基本(38)ってなんだろう。」という意味の問いかけがあり、大分県の若い高校教師佐藤貴司先生から「数学活動の楽しさ、数学的な見方・考え方のよさを知ることにあると思います。もちろん、実際問題、数学を苦手としている子に、身につけることはなかなか難しいことと思いますが、楽しさ、よさを知らないと計算問題にしてもなかなか定着しないと思います。私も今年大学を卒業し、はじめて高校の講師をしていて、授業でいろんな問題に突き当たりますが、生徒に問題を解かせることより、先ず、何が必要なのか、何が求められているのかを重点としています。生徒にアンケートをとったところ、数学は将来必要ない、親は『高校の数学を知らなくてもしっかり生きていけている』と言っているなどという意見がありました。その時、数学とは社会の基盤になっていることを教えなければならないと強く思い、その人が生きているその社会で、重要な役割を数学は果たした国語や理科の同様のものがいくつも存在する。

(38) 昔から、「読み書きソロバン」という言葉があった。『基礎基本』というとそれだ、と早合点する人も多いが、果たしてそうだろうか。『書き』はワープロ、『ソロバン』は電卓に取って代わられる。ソロバンどころか、高等数学と思われていた微積分、いや、それよりはるかに程度の高い分野でも、数式計算で出来る大部分は、後に述べる『数式処理ソフト』を用いて、パソコンで出来るようになった。「だから、情報処理技術習得が基本になる」などと短絡するのも間違いであろう。

しているという事を教えなければならないと思いました。」という意見が載せられた。

三重県の松尾栄一先生からは「『筋道を立てて、自分で考えて、考え抜いて、自分なりの結論を出し、それを表現すること』と解釈しています。どんな生徒であっても、ぜひ、少しでも身につけてほしい。一度で結論を出せる生徒も、紆余曲折を経てやっと結論を出す生徒もいます。問題によっても違います。すぐに、正解を求めるのではなく、考え抜く力を、それを表現する力を、授業で身につけてほしいと思っています。世の中に出れば、正解がない問題に当たることばかりなのですから。そんなことに限って責任ある解答が要求されるのですから。」というような意見が開陳されていた。

また、少し以前に「中学生に円周率πが無理数であることをうまく教える方法はないものだろうか」という問題が提起されたことがある。それは「今、中学三年生に無理数の話をしています。生徒にとって一番なじみの深い円周率について、みなさんはどのように説明していますか。つまり、中学生に、『円周率は無理数である』ことを証明（説明）するのは可能でしょうか。」というものであった。

2の平方根が有理数でないということは中学生でも証明付きで教わるし、そのときおそらくπも有理数ではないのですよ、ぐらいのことはどの先生も言及なさるだろうが、それを証明してみせることは中学レベルで果たしてできるだろうか。「しかたがないから私は今までは、『πについて』の本を見せたり、パソコンを使って、二千桁〜二万桁の小数を見せて、『こんなに続いても循環小数ではないんです』みたいなことを言ってごまかしていました。いい方法をご存知の方、ぜひ教えてください。」と書いておられた。

これに対して、「中学生に良い方法があるかどうかは難しい。『任意に一つ実数をとったら、たいてい無理数になる』っていうことなら、濃度(39)を使って、直感的に理解させることはできると思いますが。」というような意見を述べた人もいた。

もうひとつ話題になっていたのが、高校レベルでの内積(40)という概念の導入についてである。そこでは活発な意見が戦わされた。その議論に参加している人びとは、ほとんどがお互いに会ったこともなければ、顔も知らない。しかも、その議論は前述したMathEduというメーリングリストに載せられるから、そのメーリングリストに属している人びとは皆見守っているわけで、「興味深く拝見していますが、ところで、なぜ、『内積』と呼ぶのでしょうか。歴史的な背景もわかればなおさらいいのですが」というような質問が突然投稿されて、私なども、はて、なぜ『内積』

(39) 『濃度』というのは、無限集合の要素の『多さ』のこと。自然数も実数も無限個あるが、実数の「無限の多さの程度」は自然数のよりはるかに大きい。有理数は実は自然数と同じ「無限の多さ」しかないのである。それらのことの証明ならば、中学生にも理解されるように説明できる。(無限個と言っても、いろいろな『多さ』があるのですよ、というようなことは生徒の数学に対する興味をかき立てるだろうと思うので、私は中学か高校の教育課程のなかにぜひ取り入れてほしいと思っている。) しかし、それだけでは円周率が有理数でないとは言い切れない。

というのだろう、と考えさせられる。

こういう真剣な議論や自発的な意見交換が先生方の質の向上に役立つことは疑いのないところである。従来は雑誌などで小規模に行われていたこともあろうが、インターネットが出現して以来、あらゆる分野でこのような情報交換が盛んに行われるようになってきた。自分の知りたいことを適切なメーリングリストや電子掲示板に載せると、見知らぬ人から答えなり関連知識が返ってくる。このような手段をもっている先生とそうでない先生とのあいだには格差ができるのは当然である。知識の量が増えることによる影響以外にも、何でも吸収しようという態度による影響が生徒たちに反映するからである。

従来ならば、研究集会に参加するとか、夏休みに講習会を受けるなどの特別の機会にしか得られなかった知識獲得や情報交換が、このようにして、コンピュータとインターネットのお陰で、毎日、居ながらにして行えるようになった。これも『ITすなわちインフォメーションテクノロジーがもたらす教育革命』のひとつである。

それでは、研究集会のような「特別の機会」は不要かというと、決してそうではない。前述のメーリングリストMathEduなどもそういう目で眺めると、日本全国をつないだバーチャル集団とみなすこともでき、属しているメンバーはネットワー

(40) 二つのベクトルの内積(inner product)は、いろいろと定義のしかたがあるが、重要な概念。ここでは詳細は省略する。

ク上で、時間のずれを伴いながらも一堂に会しているわけだが、実際に集まるのに比べると、交換する情報の内容も情報量もずいぶん違う。それらはむしろ、その優劣を比較するのではなく、補完し合う関係をもつ情報伝達形態であると理解したほうがよい。

先生が、学生・生徒を自発的に勉強するようにし向けることができれば、強制された、あるいは、受験のための「勉強」ではない楽しい「学習」を皆が『享受』することになる。人間は本来好奇心のある動物であり、「なぜそうなるの」とは、すべての子供が親に発する質問である。「楽しく学習」すれば、「いやいや勉強」するのと違って、成果は目に見えて上がるであろうし、知的好奇心は満たされ、さらにもっと高度な学問をしたくなる。

先生が知識の切り売りをするような時代はとっくに過ぎた。単に生徒を誉めることだけで生徒の自発的学習意欲を刺激するのでは、高が知れている。どうすればよいのか。どうすれば、「教える」から「育てる」へもっていけるのか。そうして、二十一世紀に必要とされる人材をいかにして「育てあげられる」のか。その答えはいくつもあろうが、私は第3、4、5章に述べる『発見的学習・探求的学習』がひとつの解答を与えると考えていて、そこでは、パソコンが決定的な役割を果たす。

そして、これこそが『ＩＴがもたらす教育革命』の中核であると、私は確信している。

5　インターネットは英語で？

二、三年前には、日本のサーバに置いてあるホームページには当然日本語で書かれたものが多く、それに英語版（英語訳）がついているということが多かった。これは、日本に限ったことではなく、英語を母国語にしない国では大なり小なり同様のところが多い。

ところが、近頃のホームページを見ていると英語ではない言語で書いてあるものが実に多い。最近、アメリカでサーバに無料でホームページを開設させてくれるところが増えていて、私もバーチャル世界の住人の一人としてそこにページを開設しているが、私の隣りに住んでいる人はインドネシア語でページを書いているし、反対側の向かいの人はデンマーク人である。彼は英語とデンマーク語でページを飾っているが、その英文はデンマーク語の訳文ではないらしい。イタリア語で書いている人もいれば、スペイン語やポルトガル語もある。もちろん日本語もある（私以外にも何人かいる）。このように自分の好きなことばで好きなことを勝手にアメリカの情報伝達手段を用いて皆が発表し合っているのである。

今や、インターネットという情報発信手段を手にした各個人が、一斉に声をあげ始め、百花が咲き乱れている。まことに結構なことだが、情報の中身は濃いものばかりとは限らない。ことに、日本語で得られる情報は、飛躍的に増えたとはいえ、英語で得られるものに比べれば量的にはるかに劣る。しかもその情勢はここ暫くは続くと覚悟しなければならないだろう。勢い、「インターネットは英語だ」ということになってしまいかねない。

明治以来のわが国で、学問や文芸の大衆化をもたらしたのは、何といっても書物や雑誌の翻訳に負うところが大きい。われわれは翻訳されたものによって、西洋に学び、追いつき追い越そうとしたのであった。言語というのは単なる情報伝達手段というよりは、思考過程の奥深くに根ざすものであり、文化の担い手という意味をもっている。さらに言えば、言語はその国民の『心そのもの』なのである。明治時代に英語を国語にしようという動きまであったらしいが、もしそうしていたならば、今日の日本とは随分違った国になってしまっていたであろう。

「そうですよ、だからインターネットの世界でも日本語でやればよいのです」と主張する人もいるが、残念ながらそれでは通用しない。前述したように、インターネットを通じて得られる情報は圧倒的に英語であり、また、発信も国際語である英語でしなければ、世界に向けた発信にはならない。画像や音楽という手段もあるが、やはり文字情報、音声情報は人間のもっている情報伝達手段の中核であることは間違いない。人間は理性ある動物だからである。

そこで、将来性ある若者を育てる使命をもった先生方は、これからは英語をマスターすべきであるというのが[41]、ひとつの説得力をもった議論になりそうである。ところが先生も人の子、英語が得意な人もいれば、そうでない人も多い。ではどうすればよいのか。

このコンピュータの発達した時代に、機械翻訳システムを使わない手はないと各社からインターネット用と銘打った翻訳システムが売り出されている。昔に比べれば、研究ははるかに進み、何とか使える機械翻訳システムもないではないが、まだ実用に耐えられるだけのものは簡単には望めず、人間がなんとか騙し騙し使い込んでいっても満足な結果が得られるようにはなかなかならない。これならまあ使えるという製品が出現するのは、二十一世紀の半ばごろであろうか。やはり当面はまだ

(41) 私は何も先生方が英会話教室に通ったらよいなどと言っているのではない。「日常会話もできないのは困る」というが、日常会話ができたらそれでよいというものではない。会話ができるのと、「英語を使って自分の意見を表現したり、議論できる」のとではわけが違う。これからの日本人にはそれぐらいの能力は要求されるようになるかもしれないが、英語の習得に費やす時間も考えなければならないし、先生には他にもっと重要な役目もある。

人間の翻訳に頼らねばならないだろう。

そこで考えられるひとつの解決法は、国家が政策としてインターネットに載せられる情報を片っ端から翻訳することであろう。これは突飛な考えのようだが、大して予算のいる話ではない。国家の介在は厭だ、ということならば、出版社などが翻訳を大々的に始めることが考えられる。原著者は情報を公開しているし、リンクを張る(42)のも一言ことわれば普通は自由だから、翻訳の許可を得ることにそれほど大きな問題はないと思われる。翻訳されたファイルには暗号処理を施し、お金を支払ったものだけが読めるようにすればよい。もちろん電子マネーでの支払いも受け付けるようになるだろう。もし原著者がＩＰＲ(43)（著作権）を請求すれば、洋書の翻訳のときと同じように払うべきものを払えばよいだけのことである。こうすれば、大事な資料やデータ、需要の多いものだけが日本語に翻訳されることになり、現在の翻訳業界と同じことが電子社会で実現されることになろう。日本からの日本語による発信に対しても同様のことをやればよい。これは何も日本だけの問題でなく、世界中の国がそういう形を取るようになるのではないかと私は思っている。それに出版自身が電子出版の形を早晩とるようになり、現在とは随分違った形態の業種が現れるであろう。

(42) インターネットのホームページで他人のホームページに自由にとんで行くこと。そのための仕掛けは簡単で、普通は自分のページを自由に見て欲しいから、リンクを張ることを拒む人はほとんどいない。

(43) ＩＰＲ＝Intellectual Property Right 知的所有権。これは特許等も含み、著作権より広い概念である。

そのうち、コンピュータの進歩によって機械翻訳が完全に実用化される日がきて、文字情報だけでなく、音声情報も人間の手を借りずに外国語（何も英語とは限らない）から日本語に、また、日本語から外国語に翻訳されるようになれば何もかも解決される。それがいつになるかはまだ予言できる段階ではあるまい。

第3章

バーチャル・クラスルームがやってくる――遠隔教育がひらく可能性

昔は郵便によって行われていた通信教育が、通信手段の進歩とともに、ラジオ、テレビを用いた放送講座になり、最近では、人工衛星というハイテクを利用したりインターネットを手段として使うものに変化し、名前も『遠隔教育』と言われるようになった。勤労青年や社会人が正規の学校教育を受ける代わりに、通信教育で勉強したのであったのが、今では、卒業証書のためでなく、自発的な動機で遠隔教育を受ける、という人が増えつつある。塾や予備校もこの新しい形態による商売を見逃さない。

しかし、卒業証書や修士、博士の称号までも受けられる正規の学校教育もあり、遠隔教育の形態は千差万別である。世界は広く、遠隔教育を必要とする要因もさまざまである。ここでは、遠隔教育の諸方式の比較から始め、世界の現状をまず調べ、インターネットの遠隔教育への関わり、効率のよい双方向性を保つ方法、遠く距離を離れたものどうしの交流はどうすればよいか、遠隔教育のための教材作成にはどんな点に留意すべきかなどについて考察する。さらに、遠隔地を結んだ実験の例をひとつあげた後、私が理想的と考える『発見的学習』を可能にする、能率のよい遠隔教育方式を提案する。

1 遠隔教育のいろいろ

よく新聞の折り込みなどで、通信教育の広告が載せられていることがある。医療事務、水墨画、いけ花、簿記、行政書士、着付け、介護福祉士、俳句、パソコン入門、英語翻訳、中国語会話等々。有料通信講座ベスト１１６の資料を無料で差し上げます、などという広告が入っていたりする。通信教育というのは、正規の学校教育ではなく、このようなものだけを指すと思っている人も多い。

しかし、これとは別に昔から、働いている人が自宅で勉強するための正規の大学教育としての通信教育があった。いくら正規の課程だといっても、『通信教育』というこことばには、マイナスのイメージが付きまとっていたように思われる。「遠隔」であるが故の「不十分」、すなわち、「遠く隔たっているという物理的ハンディを克服すべく、制約された条件下での情報交換手段による教育」というニュアンスである。現実に、正規の大学教育とはいえ、通信教育は通常の学校教育とは差別され、卒業証書をもらっても、世間はそれを認知しているとは必ずしも言いがたい。

従来から使われていた「通信手段」は、主として郵便によるものであった。そこに電波を使ったラジオ講座やテレビ講座が行われるようになり、さらに、正規の大学として、たとえば文部省が行っている放送大学のような形をとるものが加わった。地上波だけでなく、人工衛星を活用すれば、日本全国にテレビによる一斉講義を行うことができる。文部省の放送大学だけでなく、通信衛星を使って全国に教育のネットを張っている予備校や塾、それに、私立大学も存在する。「ハイテク」、すなわち、先端技術の登場である。はじめは教室にテレビカメラを持ち込んでいたが、次第に専用スタジオをつくり、そこで行う講義を全国の何カ所かで同時に見たり聞いたりさせるようになった。名前も「通信教育」から『遠隔教育』へと変わってきた。しかし、このようなハイテク利用によって、教育効果が飛躍的に進歩したであろうか。

　ふつうの郵便でやる従来の通信教育では、時間がかかることが問題だった。教材を発送して、受講者が受け取るまでに時間がかかる。受講者が課題の解答などを送り返すときに要する時間も長く、それが添削されて受講者に戻るのにまた相当な時間がいる。一言で言えば、能率が悪いのである。

　一方、人工衛星を用いた場合には、講義は瞬時に日本全国津々浦々まで届く。しかも、講師の顔も見えるし、教材も動画などが映し出される。複数の出演者がやりとりするバライエティに富んだ語学講座などでは、非常に楽しい学習ができる。さすがハイテクである。

　しかし、それだから密度の濃い、良い教育が受けられるかというと必ずしもそうではない。郵便による場合には、受講生の一人一人が自分の好きな時間、空いている時間に学習できる。もちろん、ふつうの学校教育のように、半ば強制的に学校へ行って学習するのではなく、自ら望んで勉強するのだから、それ相応の努力がいる。安易な気持ちで始めたのでは途中で放棄してしまうことになりかねない。実際、最後まで貫徹する受講生の割合がどれくらいかは私がいつも疑問に思っているところである。しかし、レポート(1)を投函すると、どんな評価が返ってくるだろうかとワク

（1）たとえば、生け花教室、着付け教室でも、写真をつけてレポートの文も書くことが要求されたりするから、それだけでも大変なことであると、通信教育を受けた人から聞いたことがある。

ワクする楽しみがある。しかも、評価された成果は確実に自分のところに記録として残る。

一方、時間的制約という面では、郵便ならば自分の好きなときに開封して勉強を開始できるのに比べて、テレビなどを用いた一斉講義では、放送時間に自分を合わせなければならない。また、聞き漏らしても、教室におけるのとは違って質問ができないから、わからなくなったらどうしようもなく、テープに録音・録画するという方法もなくはないが、「その場で質問できない」ということは本質的な欠点である。レポートの提出は、郵便によるときよりも、講義が一過性のものだから、より大変になるかもしれない。

それに加えて、講義する側も、教室と違って受講者の反応がわからないから、非常に苦しい。NHKの教育テレビなどで、大学と同じような講義形式の講座が行われているのを見ることがあるが、講師が長々としゃべっているのをただ聞いているだけ、画面には講師の顔が映っているだけ、というのがある。あれを辛抱してじっと見ている人がいったい何人いるだろうか、また、しゃべっている方もしゃべり甲斐のないことおびただしいのではないだろうか。総合テレビや教育テレビ、いや、民間放送の番組でも、もっとよいドキュメンタリー番組等があり、多くの視聴者を引きつけている。こちらの方がよっぽど教育的効果が大きい。

要するに、昔の郵便による方式の方がまだ双方向性をもっていた。そこには、いくらかの『心の通い』があったが、テレビやラジオ利用だと、教室でやっていることをそのまま持ち込んだのでは、まったく一方的な教育になってしまう。(2) 心が通うことなどとても期待できない。しかも、これは情報伝達方法につきまとう本質的な問題だから、容易に解決できる性質のものではない。だから、『教え込む』教育はできても『育てる』教育にはこの方式は向かないのである。

そこで、両者のもつ利点を兼ね備えた方式、すなわち、受講者が時間的制約にも縛られず、しかも昔の郵便による通信教育のもつような双方向性を備え、かつまた、往復に時間がかかりすぎるという能率の悪さはぐっと改善されたという方式が求められる。それがインターネットを用いた遠隔教育だ、とばかり、世界中で「インターネットによる遠隔教育」が最近脚光を浴びるようになってきた。

なるほどそれは画像の質などではまだ人工衛星中継のテレビ画面には劣るかもしれないが、インターネットにつながったパソコンさえあれば、いつでもどこでも自分の好きなときに遠隔教育を受講できるという利点をもっている。(3) しかもメールシステムなどを使えば、完全な双方向性が実現できる。近頃はノートパソコンがそれ

(2) 教室でも、「先生が一方的にしゃべる」古いスタイルでは学生はとてもついてこない。

(3) もちろん、出したメールに即座に返事が来るわけではないだろうが、郵便のように時間がかかることはない。教授者側が待機してさえいれば、世界のどこからの質問にも10分か15分で返事を出せる。それのみでなく、リアルタイムでの討論(チャット)も可能である。

ほど高価ではなくなったし、世界中のどこからでも電話回線等でインターネットに容易につなげられるようになった。画像の質などの技術的な問題は、情報スーパーハイウェイの建設などで解決されるだろうから、今後はこの方式が遠隔教育の主流になることは間違いない。

しかし、問題は中身であって、手段が変わっても、相変わらず「教え込む」教育ばかりで「育てる」教育をやらないのでは意味がない。現状では、インターネットを使っても、そのような「教え込み」教育ばかりしか行っていないところが目立つ。そして、このような一方向的な教え込み教育が二十世紀に必要な人材養成にはある程度役立ったが、二十一世紀にはそれでは通用しないというのが、第1章で述べた本質であった。

2　世界の遠隔教育

アメリカに全米遠隔教育協会(4)という団体があり、毎年秋に全米の大会が開かれる。一九九七年十一月にロサンゼルス郊外アナハイムで開かれた大会 TeleCon XVII

(4) USDLA＝United States Distance Learning Association

には私も参加した。そこには、全米はもとより、カナダ、メキシコをはじめ、世界各地から教師、教育関係の役人、エンジニアなど多数の参加者が集まり、見本市会場も設けられて、いろいろな企業が参加し、売り込みに懸命である。日本の企業ももちろんたくさん参加している。アメリカ商務省後援の通訳付き商談コーナーが見本市会場の一角に設けられていた。

実際に参加しなくても、開会式の模様がインターネットを通じてリアルタイムで中継され、初日の総合講演会場では、今現在、世界中のどこでこの番組を見ているかが電光ニュースのように映し出されていた。参加者の職業はさまざまで目的もいろいろであったが、技術的なことに関心をもつ人びとが多く、さらには、軍関係者が多数来ていた。米軍は世界中に展開しているから、遠隔教育が欠かせないのであろう。

私が驚いたのは、彼らの多くが遠隔教育をひとつの商売、または、産業としてとらえていることであった。もっと的確に言えば、「金儲け手段」というとらえ方を隠そうとしないのである。「過去十年間で半導体産業は、これこれの伸びを示した。一方、パソコン業界の成長率はかくかくで、今ではそれは大規模な産業になっている。一方、遠隔教育業界は規模がまだ小さく、今後の発展の余地が大きい」といったような調子である。インターネットの発展もパイオニア精神やアメリカンドリームに支えられた面があったが、教育面で見るこのすさまじいばかりの商業主義には、私はひどく驚かされた。

しかし、わが国でも、予備校や塾、いや、私立大学も一種の企業であるから、これは驚く方が間違いかもしれない。

アメリカでは人工衛星からのテレビ放送よりはケーブルテレビが普及している。また、インターネットも世界一の普及率を誇っている。そこで講演のなかで、これからは人工衛星利用を大いに考えなければならないという主旨の意見を述べる人が少なくなかった。アメリカにおいても、現在のインターネットにおける細い電話線による接続のイライラ（ネットワークの混雑）が大いに問題になっているからである。(5) 大きなセッションでのある講演で、このイライラに対するユーモアに満ちた不満のブチマケが大いに人びとの共感を呼んでいたが、しかし講演者の女性は「間もなくこれらの問題は解決されて、勝負は中身である」という講演の本旨を忘れはしなかった。

中身については、アメリカでも、学校の先生方で真剣に取り組み、良いプログラムを作っている例(6)が分科会などで紹介されていた。コーネル大学が行っている遠隔

(5) 電話回線でなくケーブルテレビ回線を用いれば通信速度は格段に向上する。ケーブルテレビ加入者が多いアメリカはその点で有利である。しかし、国土の広いアメリカやカナダでは、ケーブルテレビ網の恩恵に浴せない地方も多い。日本でも最近ケーブルテレビ回線を使ってインターネットに接続する方式が普及し始めている。片方（下り）を人工衛星からの電波で行い、もう片方（上り）を電話線にする方式が最近検討されていて、それはわが国での実状にマッチした方式かもしれない。だが、国土が狭い日本では、光ファイバーの普及がアメリカよりはるかに容易に行える

教育の歴史を交えた講演もおもしろかったが、私の聞いたある講演に、元教師が集まって遠隔教育の会社を作り、良い教材を開発して学校に売り込もうとしているものがあった。アメリカのみならず、世界各国に顧客を捜す[7]というのである。その教材はなかなか良くできていて、マレーシアで翻訳の計画があるという。もちろん、すべてベースはインターネットである。

この会議にはアメリカのみならず、カナダやヨーロッパなどからの出席者も多かった。遠隔教育の必要性は、アメリカよりむしろカナダやオーストラリアのほうが、国が広い割に人口密度が希薄で、本当に身にしみて感じているため、真剣である。アメリカと違って、前面に金儲けが出てくるようなことはなく、地方行政府[8]が中心になって、遠隔教育に正面から取り組んでいる。そのような発表もたくさん行われていた。ついでに軍関係の分科会にも顔を出してみたが、制服組がそうでない人びとと並んで会議している様子は私には物珍しく映った。

ただ、この協会の性格が上記のような商業主義に偏っているので、アメリカの各大学で行われている遠隔教育の全貌はそこでは把握できない。アメリカでは実にたくさんの大学が遠隔教育を行っていて、多くのものは商業主義を前面に押し出したものではなく、もう少し地域に奉仕するとか、何らかの理念をもつという体裁を整

から、一刻も早く各戸に光ファイバーを引き込むようにすべきであろう。最近、髪の毛一本ほどの光ファイバーで十億人が同時に電話で話せるような技術も開発された。これらを使えば、当面はイライラが解消されようが、「重い」画像を皆が送り始めたら、またイライラが始まるかもしれない。

(6) 残念ながら、良い教材を作っているところが生き残るとは必ずしも言えない。数年前から私が注目していた、カリフォルニアのあるバーチャルハイスクールは姿を消した。

(7) そうなると英語圏というのは大きいマーケットをもっている。スペイン語圏も広い。

えている。

　大学教育のほかに、地域の社会人を対象とした専門学校のような性格をもつ遠隔教育機関もアメリカの多くの州にある。また、中等教育でもインターネット上だけの教育機関を発足させようとしている。たとえば、ケンタッキー州では、教育内容の地域格差を是正し、すべての生徒に質の高い教育を受ける機会を提供することを目指した試みとして、「バーチャルハイスクール」を開校する。これは実体の校舎を持たず、生徒たちはインターネットを通じて授業を受けるもので、こうした高校レベルでのオンライン通信教育は、すでに各地で始まっているが、同州の構想は、その対象が州内の公立高校に通うすべての生徒であるという点で、これまでにない大規模なもの。連邦政府からも千七百万ドルという補助金を得ており、いわばお墨付きを得た上でのスタートである。

　しかし、初等中等教育に関しては、カナダのほうが盛んである。周知のとおり、カナダは途方もなく広い地域に比較的少ない人口をかかえた国で、僻地では、学校がない場合もあるし、また、仮に学校があっても、そこにすべての教科の先生が揃っていない場合もある。それを遠隔教育がカバーしているのである。受講者はさまざまだが、たとえばアルバータ州では囚人向けの教育[9]も遠隔手段で行われている

(8) それらの国では、教育はたいてい州単位で行われている。そのことが、転居などに伴ういろいろな問題を生むこともある。

(9) 前記のケンタッキーの「バーチャルハイスクール」も、高校中退者や、学校に通わず自宅で学習する「ホーム・スクール」の生徒、少年院の受刑者などを受け入れる予定。

し、また、州政府の認可を必要とはするが[10]、誰でもやろうと思えばインターネットを用いた遠隔教育機関を開設できるというのもおもしろい。

カナダではほとんどの大学が遠隔教育部門をもっているが、アルバータ州のアタバスカ大学というのは遠隔教育専門の大学である。一九六〇年代にアルバータ州では大学入学希望者の急増に応えるべく第四番目の大学設立が検討され、一九七〇年にアタバスカ大学が設立されたが、その際、大学教育を誰でも、特にカナダ人の成人が、職場や家庭を離れることなく受けられるように配慮して、キャンパスをもたない遠隔教育専門の大学として開設されることになった。一九七二年から一九七五年までは試験的に650人の学生を受け入れ、今では毎年14、000人の学生を受け入れている。カナダのどこに住んでいようと、今まで受けた教育がどんな程度のものであろうと、十八歳以上ならばこの大学で遠隔教育を受けることができるという。最初はエドモントンにあったが、一九八四年に145キロメートル北のアタバスカ市に移転。エドモントン、カルガリー、フォートマックマリーの三ヵ所にサテライト学習センターを置いている。現在では、カナダ、アメリカ、メキシコの住民に対象が拡大されているという。

オーストラリアは、これまた広大な大陸に少ない人口しかもたない国だから、遠

(10) 教員組織やカリキュラムなどについての基準を満たすかどうかの審査がある。

隔教育はもっと活発で、大学教育レベルの多くの遠隔教育機関が活動している。そのうちもっとも有名なのはメルボルンにあるディーキン大学であろう。建築学、人文科学[11]、商学、計算機科学、健康保健が遠隔教育で受講できるようになっている。このうち、最大のものが人文科学で、人類学、オーストラリア研究、歴史、国際開発、国際関係、ジャーナリズム、心理学などを含む二十一の分野に分かれている。建築学では、学問の性質上、遠隔教育だけで卒業はできないが、それ以外はすべて遠隔教育だけで単位を取って学士の称号を得て卒業できる。オーストラリアには、そのほかにも実に多くの大学が類似の遠隔教育制度をもっていて、多くの人びとが学習している。受講者は何もオーストラリア人に限らず、東南アジア、南太平洋地域、その他の英語圏をはじめ、アジア、アフリカ、それに少数ながら日本人の受講者もいる。

ニュージーランドは国こそ小さいが、人口も希薄だし、働きながら学習したいという需要も大きく、南太平洋という後背地をもっていることもあって、立派な遠隔教育を行っている。一九七三年に当時のカーク首相が革新的な生活と産業界への貢献を目的として理工学部、商学部、人文学部という三学部をもった中央工科大学(Central Institute of Technology)を設立したが、理工学部では情報関係の遠隔

(11) おもしろいのは、数学も一部この人文科学のなかに入っていることであるが、これは英米系の伝統で、数学はアーツ・アンド・サイエンスというなかに属するからであろう。

教育を行っており、無料で受講できる。その代わり、大学側からこのコースへの修了証書や単位取得認定は行われない。自習用の教材がインターネットで送られてくる仕組みで、初歩的なものから相当高度な情報処理技術のコースがインタラクティブ・テストという方法を活用して行われている。内容的にはしっかりしたものが多い。[12]

目をヨーロッパに転じよう。ヨーロッパではそれぞれの国が小さいから、遠隔教育の必要性はカナダやオーストラリアほど高くはない。しかし、世界でもっとも有名で、長い歴史を誇るのは、おそらくイギリスのロンドン北西ミイルトンケインズにあるオープン・ユニバシティであろう。彼らのマーケットは旧植民地にとどまらず、英語が世界語であるという事実に裏付けされて、今や世界中に広がっている。しかも、EU（ヨーロッパ連合）が現実に一体のものとなりつつある今日、教育面で彼らがヨーロッパの明日を担うという意気込みは大きく、政府もまた積極的にこの遠隔教育大学を応援している。もちろん、彼らは英語圏全体を視野に入れ、教官もイギリス人には限定せず、どんな国籍の人でも有能な人間を活用している。[13]

オープン・ユニバシティには非常に多くの人が学んでいる。ほとんどは働きながら勉強している人びとで、おもしろいことに、すでに大学教育に相当する教育を受

(12) たとえば、UNIXを学習するコースもある。

(13) これは英米系をはじめ欧州一般に言えることで、日本でも近頃外国人を登用することが以前より多くなったが、まだ遠く及ばない。

けた人が四分の一を占めている。このことはこの大学が「生涯学習」という面を強くもっていることを示している。卒業生のなかには、窓拭き職人から身をおこして企業の要職についた人や、オープン・ユニバシティでの勉学の結果、赤リス保存の環境専門家になった人、元秘書で今では麻薬中毒の若者を助ける仕事をしている人の例などがあり、それらの人が身をもってこのユニークな大学の存在意義の生き証人となっているといっても良い。これらの人びとはオープン・ユニバシティがなかったら仕事に追われるだけで自己向上の機会をもたず一生を終わったかもしれない。もちろん、イギリス人だけでなく、ケニアなどの旧イギリス植民地の人びとや、さらに一般に、英語を母国語とする世界中の人びとがこの大学で遠隔的に学べるという恩恵を受けている。

教材は印刷物の形で郵便で送られてくるのがほとんどだが、テレビやビデオテープ教材ももちろん多く用いられているし、それに各地にある教育機関を出先機関として利用できるような制度もとっている。最近ではマルチメディアのCD教材も大いに活用されているが、インターネットによるコースはまだ少ないらしい。これは、オープン・ユニバシティが十五年以上の歴史を誇るという事実がかえって裏目に出ているという現象であろう。(14) 一度確立された制度はなかなか変えるのが困難だから

(14) 昔イギリスで、BBCコンピュータという16ビットパソコンを全国の学校に政府が配ったことがある。当初はすばらしいことだと思われたが、そのパソコンは性能が低く、すぐ時代遅れになってしまった。日本でも、昔パソコンが高校に先に配られたのに、それより後に中学校にもっと新しいのが導入されて、高校の方が見劣りしたということもあった。

である。

イギリスではこのような正式の大学遠隔教育の他に、ＢＢＣ（英国放送協会）が行っている遠隔教育があって、ラジオやテレビの他にインターネットを用いている。一般に通信教育、遠隔教育というものはよほど強固な意志をもって勉強しないと卒業まで漕ぎ着けるのは困難なのがふつうであるが、インターネットで学習している場合、他の方法によるものに比べて途中で放棄する率（drop rate）が非常に小さいことが特徴であるらしい。それはおそらく双方向性と、次節で述べるバーチャル・クラスルーム・システムが大きな影響をもっているものと思われる。オープン・ユニバシティで教えている私の友人（イギリス人）にこれについて問い合わせてみたが、残念ながら確証は得られなかった。

イギリスはこれぐらいにして、ヨーロッパの他の国を眺めよう。オランダには、遠隔教育を専門にしているオランダ遠隔大学[15]がある。また、スペインのバルセロナにはカタルニア遠隔大学[16]というのが数年前から活動していて、もっぱら、インターネットでカタルニア州内での遠隔大学教育をやっている。キャンパスといっても、ちょっと大きい家という感じだが、カタルニア地方に住んでいる人ならば誰でもこれからの大学教育を受けられる仕組みである。私が訪れたとき、受講生とチャット[17]

(15) オランダ遠隔大学＝Open Universiteit Nederland
(16) カタルニア遠隔大学＝Univeritat Oberta de Catalunya 私が訪問した際、そこの学長がイギリスのは古くから始めすぎたからインターネットへの転換が容易でなく困っているようだ、と言っていたが、この現象はカタルニア遠隔教育大学に対しても間もなく言えるようになるかもしれない。経年的な陳腐化という「宿命」がつきまとうのは世の常であろう。ハード的な問題もさることながら、教材作成というソフト面でも同じような現象が起こり得る。それについてはこの章の5節に私見を述べる。

をしていたある先生が、「今、日本から一人の先生が訪問されているのよ。」と打ち込んだら「まあ、私たちのシステムも世界的に注目されているのね。嬉しいことですね。」と受講生が打ち返してきた。そのスピードがとても速い。

これが日本語と決定的に違うところで、英語にしろ、スペイン語にしろ、キーボード入力が人間のしゃべる速度と同等になるぐらいまで習熟することが可能であるが、日本語の仮名漢字変換ではそれは望むべくもない。わが国でも、遠隔教育というとチャットをやろうと計画する人びとが多いが[18]、このあたりのところをよくわきまえないといけない。一方、漢字に満ちた中国語は、日本語より始末が悪いだろうと思われがちだが、もしピンイン[19]で入力することが一般化すれば、英語と同等のスピードになるであろう。日本語の仮名漢字変換ではそれは望むべくもない。文字記述方式の壁は如何ともしがたい。したがって日本語だけが取り残される可能性は高いが、それは音声認識技術が解決する問題で、音声入力その他の手段で補いは十分考えられる。実際、音声による入力は、現在でもいくらか実用化されつつある。

わが国でも、インターネット上でのオンラインの大学レベル遠隔教育が本格的に始まろうとしている。大阪市立大学が試験的にいくつかの講座を設ける実験を始めたのは一九九五年頃であったと記憶しているが、一九九七年には奈良にある私立の

(17) リアルタイムでネット上で会話すること。音声ではなくキーボードからの文字入力で行う。

(18) 日本語でチャットをやっているのを見かけることもあるが、スピードが話にならぬほど遅い。本当の音声によるチャット、すなわち、「おしゃべり討論」をやることは、現在のインターネット技術でそれほど難しくはないが、記録が残らないという欠点がある。記録は音声自身では容易に残せるが、それを文字化するには音声認識技術が必要である。

(19) ローマ字による表音を用いた入力。漢字は元来表意文字であるが、発音による入力が十分可

帝塚山学院大学がＴＩＥＳ[20]というプロジェクトを開始し、本格的遠隔教育への道を模索している。それらの成功を期待したいが、当分は手探り状態が続くかもしれない。

要するに、世界の現状は、インターネットを用いて遠隔教育を行うという方向に向かっている。この傾向は情報スーパーハイウェイ構想の進展と共に、ますます顕著になるであろう。『いつでも、誰でも、どこでも、自分の望みの学習ができる』という環境が、技術の進歩のお陰で実現されようとしているのである。

最近、キャンパスをもたないインターネット上の正式の高等教育機関の誕生が報じられた。好きな時間に家や会社などどこからでも授業を受けられる世界初のインターネット大学と称するユネクサス・ユニバシティ（Unexus University）がアメリカで開校された。このユネクサス・ユニバシティは、上級経営学修士（Executive Masters of Business Administration）のカリキュラムを用意していて、学位が取得できる。デスクトップ上の大学の登場というわけである。

もうひとつ、さらに本格的な世界規模の高等教育機関の誕生のための開発計画が発表された。一九九九年十月五日、世界的に有名なＭＩＴ（マサチューセッツ工科大学）が米マイクロソフトと共同で、オンラインで教育を行うＩキャンパス（バー

能である。ただし、現在の中国でそれが標準入力方式になっているという話は聞かない。

(20) ＴＩＥＳ＝Tezukayama Internet Educational Service それの発展として、甲南大学、関西学院大学、武蔵大学、成蹊大学の経済系学部と帝塚山学院大学が協力し、それぞれが作成する教育教材を「共有」するＴＩＥＳ２プロジェクトが近く開始される。

また、北陸先端大学院大学が米英伊の三大学と共同でインターネット上に新しい科目を開設する。使用言語は英語になる。

チャル・キャンパス）開発の共同プロジェクトに取り組むと発表した。ＭＩＴの学生や教職員、マイクロソフト研究所の職員がプロジェクトに参加。マイクロソフトはこのプロジェクトに五年間で二、五〇〇万ドルを投資する予定。

その計画によれば、ＭＩＴとマイクロソフトは、大学での教育方法や技術の開発を共同で手がけ、バーチャル・キャンパス技術普及のため、他の大学や企業にもプロジェクト参加(21)を呼びかけ、プログラムのソースコードを公開して標準化を図っていく方針らしい。

遠隔地からの質問に自動的に答えられる質疑応答システムの研究も行われていると漏れ聞いた(22)。これらがどこまで成功するか、『創造的人材育成』まで目指しているのか、単なる『教育』や『研修』で留まるのか、興味のあるところだが、まだ全貌は明らかになっていない。

なお、前節に述べた遠隔教育の『差別』に関しては、私が訪れた豪州のある大学では「もはや差別は存在しない」と担当の事務官が胸を張って言っていた。実際、遠隔教育で単位をとった人のなかで、昼間のふつうの大学で教授職についている人が出ているそうである。わが国でも、第二課程（夜学）出身者で昼間の大学の教授になっている人は存在する。しかし、通信教育ではどうであろうか。豪州でも、そ

(21) まず、ＭＩＴのシェークスピア電子蔵書の拡充、ＭＩＴとシンガポール国立大学・南洋《ナンヤン》工科大学（シンガポール）が共同して研究・構築した「グローバル・クラスルーム（地球規模の国際教室）」を用いた教育システム開発、ＭＩＴ航空学科と宇宙航行学科の設計コースでの遠隔教育実験の三プロジェクトに着手する。やはり、「インターネットは英語だ」（第2章5節）ということかもしれない。

(22) このことは一九九九年九月に私を訪ねてきたアメリカのある友人（ワシントン大学教授）から聞いた。それは「典型的な質問」をパターン化して、あらかじめ用意

の事務官の言うほど、差別がないとは必ずしも言えないのが実状であろうが、今後は事態は変わる。その事務官も言っていたとおり、世界の一流大学が立派な遠隔教育を本格的に始めだせば、遠隔地からでも世界に名を知られた学者の講義(23)に接することができるようになり、世間でいう三流大学は一流大学の遠隔教育のサテライトの役割を果たすだけのところに転落しかねないからである。そういう形で、大学の系列化が進行する可能性すらある。

私は日本のいくつかの大学で学生たちにアンケートをとってみたが、将来は、今の大学には体育などの授業を受けに来るかクラブ活動をしに来るだけで、一般の科目の単位は海外の一流大学、たとえばハーバードやケンブリッジというような大学の遠隔教育で揃える時代がくるだろう、と書くものが少なからずいた。そういう時代の到来は案外早いかもしれない。

3　重要なのは「双方向性」

この章の1節において、ハイテク利用が教育的に必ずしも密度の濃い良い教育を

した答えをメールか何かで送るというものらしい。それでは、かつて人びとが夢中になって失敗した「知的CAIシステム」の二の舞にならぬかという危惧の念を私は述べておいた。それより、もっとおもしろいことを考えてみないかと、私は本書第6章3節に書いたようなことを彼に言ってみたが、エンジニアである彼からは、その実現性にはどんな技術が使えると考えているのかという現実的な質問が返ってきた。

(23) 何もその学者が行う講義のテレビ中継だけを指しているのではない。それも含んで、その学者・教授が作成した教材によって学習することが可能になるという意味。

与えるものではないことを述べた。これは、前述したカタルニア遠隔教育大学訪問の際、学長と懇談したとき、彼と私の意見がすぐさま一致した点であった。『双方向性』の重要さから考えれば、インターネット方式より人工衛星からの一斉教育方式がずっと劣ることは明らかであろう。郵便方式という旧態依然たる形態よりもひょっとして劣るのではないかとさえ、彼は言う始末であった。一九九八年二月に私はメキシコのモンテレイで遠隔教育を行っている大学を訪問したが、そこでも「人工衛星利用の一斉講義はまったくの一方通行で、双方向性がないからあまりよい教育システムとは言えない」という点で、先方の学長[24]と意見が一致した。

放送大学方式がアメリカなどでまったく試みられていないかというと、そうではない。たとえば、イリノイ大学では、一般の教室にテレビカメラを持ち込んで、授業の様子をそのまま、あるいは必要ならばビデオにとって、通信回線でイリノイ州のいくつかのサテライト会場と結んで、数年前から遠隔教育を行っていた。受講者は、サテライト会場（その多くは公民館のようなところに設けられている）に足を運んで、そこで教育を受ける（テレビ画像を見る）のである。なぜ、各家庭まで直接画像を送らないのかという疑問に対して、担当している教授は、「そうやると、家庭では子供が邪魔をしたりして、受講者が精神を集中できない。それより、最寄

講義は、「オン・デマンドのオーディオ／ビデオ」という形で、オンライン教材に張り付けられる（組み込まれる）ようになるであろう。現にBBCのホームページが、これは報道番組だが、それに近い形をとっている。

（24） Universidad Regiomontana のロンゴリア学長は言う。「皆が人工衛星にうつつを抜かしているのを冷ややかに眺め、自分はインターネットを考えた。TVカメラ教室は従来方式の延長にすぎない。」私も同じ意見である。

りの会場に足を運ばせる方がよい」と言う。しかも、この方式だと、電話線などで結んで質問することも可能だから、曲がりなりにも双方性が保たれている。また、講義する側も、目の前に学生がいる教室でやるのだから、テレビカメラだけに向かってスタジオでしゃべっているのではなく、しゃべり甲斐がある。(25) ただし、自己のペースで学習することは、通常の学校教育より難しい。教室ではリアルタイムで講義に出席するから、質問もその場で行えるのに対して、ビデオ教材に接することが多いからである。

(25) オーケストラ演奏の録音でも、スタジオ録音と実際の演奏会の録音では、前者の方が音質はよいが後者ほどの臨場感や迫力が出ない、と嫌う指揮者がいる。

4 バーチャル・クラスルームがひらく可能性

しかし、それより、あまり人が気付かない次の事柄がある。それは、教室で行われる学校教育では、先生と生徒のあいだで行われる双方向のインタラクション(26)の他に、生徒どうしのあいだに存在する多方向のインタラクションが存在するという事実である。先生と生徒は一対一で学習しているのではない。『教室全体から醸し出される雰囲気』といったようなものがあって、それが学習の大きな助けになってい

(26) インタラクション (interaction) ＝相互作用。

るのである。これを、前述の同時的または非同時的双方向方式で作り出すことは非常に難しい。しかもその『人と人とのコミュニケーション』が教育の本質なのである。(27)

この「教室全体から醸し出される雰囲気」をどうやって遠隔教育システムのなかで作り出すかについては、われわれはそれをバーチャル・クラスルームをネットワーク上に作って補おうという構想をもっている。第2章の2節に、現在の学校教育の補助手段として、教室での質問などの他にメーリングリストや電子掲示板を用いる考えを述べた。遠隔教育となると、実際に毎日顔を合わせるわけではないから、このようなサイバー・スペースでの会合の必要性と重要性がぐっと高まる。先生も学習者も自由に書き込める『電子掲示板』(28)をネットワークの上に作り、それをコミュニケーションの広場とするというのが、バーチャル・クラスルームである。(29)

この点は世界中の遠隔教育機関が関心をもっているところで、前述したオープン・ユニバシティの友人からも、「受講生相互が対話できるように電子カンファレンスというものを設けている。また、そのシステムで教授者と二人きりの対話もできるようになっている。こういうものが自分としてはもっとも大切なものだと思っているのだ」と書いてきた。そうでなかったら、「送られてくる教材と向かい合い、

(27) この点に関しては、すでに種々の試みがなされている。たとえば、海外の高校と特定のテーマについて共同研究をして、その成果を競い合う「バーチャル・クラスルーム・コンテスト」に和歌山県の新宮高校が参加して最優秀グランプリを受賞した。議論や電子メール交換はすべて英語で、生徒たちにはそれが最大の苦労であったようである。彼らは表彰式で初めて相手チームのメンバーと対面し、ネットの向こうにはクラスメートがいたんだな、と実感したそうである。第2章5節に述べた「インターネットは英語で?」をもう一度読んで味わっていただきたい。

知識を吸収するだけになってしまうからだ」というのが彼の意見である。

先日聞いたBBC放送では、バーチャル・カフェというのが人気があると言っていたが、と書いてやると、そのような皆が自由に話し合える広場のようなものがあるほうがよいだろうと試みは始めているが、受講生全部がそのような「おしゃべり広場」を望んでいるわけでもなく、しかも、同じコースをとっている受講生の数が多い場合、誰が面倒を見るかという問題が起こる。そこで、学生が自主的に世話をするようにした「おしゃべり広場」を開設しているが、いくつもそういうのが開かれていて、かなり人気があるようだ、という返事があった。

いくらバーチャルに会話できても、会ったこともないものどうしではなかなか本音がわからないということもある。そこで、ひとつの解決法として、遠隔教育を受ける受講者一同が、一度は一堂に会する機会をもつべきではないかという議論がある。オーストラリアでは、地理的にあまりにもかけ離れているためそれは不可能だそうであるが、オランダの機関ではそうしていた。日本の放送大学でも、スクーリングが義務づけられている。カナダでは、地理的に困難であってもできるだけ一堂に会する機会をもつようにしている。会ったことがある人たちとそうでないもののあいだでは、コミュニケーションの円滑さが格段に違うからである。(30)

(28) バーチャル空間といっても同じ。

(29) 第2章2節で書いた考えを、そのまま応用すればよい。もう一度書くと『教室にパソコンを』ではなく『パソコンに教室を』がその標語である。第6章4節、5節で教育の未来について考察するときバーチャル・クラスルームの将来像について再考を加える。

(30) メキシコのモンテレイのロンゴリア学長は「一度会ったことのある人から来る電子メールには『顔』がついてくる」という名言を吐いた。私も同感である。実際、一九九六年のセビリアでの国際数学教育会議の打ち合わせのために私はイギしかしそれでもやはりバーチャルとリアルの差は大きい。一度会った人たちがたとえあとはバーチャルにつき合うとしても、とてもそれが日常顔を合わせて無駄話もするという本当のキャンパス・ライフの代わりをつとめるとは期待しにくい。そこが遠隔教育に従事しているものの世界的な共通の悩みである。ネット上で得られる情報量は、実際に会ったときに得る情報量にははるかに及ばない。この問題は今後大いに考えるべきことであろう。

バーチャル・クラスルームの将来像については、第6章の4節と5節に私なりの設計図と未来の「夢」を描いておいた。まだまだ工夫の余地があろうが、それらを参考にお読みいただきたい。

リスとオーストラリアへわざわざ足を運んだ。それをせずに、単に電子メールでの意見の交換だけだったら、あれほどスムーズに会議運営ができたかどうか疑問である。

5　遠隔教育の教材をつくる

教材作成の重要性は、何も遠隔教育だけの問題だけでなく、学校教育においても誰もが認識しているところである。しかし、インターネット上で遠隔教育を行う場合に限って言えば、「遠隔」であるという欠点を補おうと思ったり、また、本当の学校よりも魅力あるものにしたいと思って、画像（特に動画）や音声などを張り付けたマルチメディア教材を開発しようとしがちになる。何しろ、文章だけの画面より、写真や動画、それに音声や音楽の付いたホームページは、格好がよい。それに、楽しそうなものを作ることが割合簡単にできる。だから、限りなく凝って作り出そうとする。もちろん、文章だけより、絵や写真のほうがずっと直接訴える力が大きい。それは情報量が格段に違うからである。しかし、その「情報量の多さ」がくせ者で、インターネット上で写真、動画や音声の付いたページにアクセスしてみればすぐわかることだが、ページを開き終わるのにすごく時間がかかり、前に述べたイライラが起こる。(31)

そこで、インターネットで遠隔教育を行う場合、同時的にやるのがよいのか非同時的(32)なほうがよいのか、すなわち、教室におけるように学習者がリアルタイムで教授者から学習を受けられるようにするのがよいのか、教材を送ってもらっておいて後でゆっくり勉強するようにするのがよいのか、などの方式の検討が問題になる。

同時的な遠隔教育としてのおもしろい試みが、天文の分野で行われている。和歌山県の山奥の美里町に美里天文台というのがある。何でも日本中に夜空の美しい地域が１００以上あるそうで、昔、竹下登氏が総理大臣だったとき、郷土おこしとし

(31) このことについては、この章の7節でもう一度触れる。

(32) 同時的 (synchronous)、非同時的 (asynchronous)。

て全国の町や村という自治体に一律それぞれ一億円を政府が配ったことがあったが、そのときこの村（当時）ではそれを主たる資金として天文台を設立した[33]。その天文台はインターネットにつながっていて、地球の裏側の国の高校生が、理科の授業のときに美里天文台につないで観測が行えるようになっている。たとえばドイツの高校生が授業のときにこの天文台の望遠鏡をインターネットを通じて操作できるのである。日本の夜の時間帯はヨーロッパではちょうど昼間だから、これは非常にうまい時差の利用法だと言えよう。相互主義の立場から言えば、ドイツの天文台を日本の高校生が使わせてもらいたいところだが、まだそこまではいっていないようであった。

インターネットの教育への同時的な利用法としては学校間交流が主流である今日において、これなどはユニークなものであるが、じっくりと頭を冷やして十分に時間をかけて考えねばならないような学習をする場合や、本来の遠隔教育である「働きながら自分の空いた好きな時間に学習する」または「生涯学習」を行う、というような場合は、どうしても非同時方式が主流になるであろう。その場合でも「時差をうまく活用する」ということは最初から考えに入れておけることで、その例は第5章に述べる。

(33) 最近、ハワイに日本の天文台が設置されたが、これは研究用の立派な望遠鏡を備えたものであり、予算も格段に多かった。美里町のはそれほど立派なものではないが、教育用には十分である。地元でも天文に対する関心が高まってきたという。

さて、同時的方式と非同時的方式とを問わず、現在インターネットを教育に利用しようとしている人びとのほとんどが、インターネットから資料を写し取ってくることを主として考えている。すなわち、調べものをするとき、書物や文献を読む代わりに、インターネットで検索しようというのである。前述のイギリスのブレア首相も、『インターネットで教室に世界一の図書館を』という標語を唱えていた。巨大な知識データベースにアクセスすることで学習のための資料を得ようということなのである。これは決して悪いことではないが、いつでも資料をインターネットだけで得られるかどうか。得られる場合には、どうやったら効率よく得られるのか。そうでない場合はどうすればよいのか。また、得られた資料の価値判断にも気をつけなければならない。

安易な教材作成にならないようにするにはどうすればよいのか、という第2章3節の終わりのほうで述べた学校教育での教材作成と同じ問題が、ここでも発生するだろう。また、自分が調べたことや知っていることをどういう形でホームページにあげておけば他の人びとの役に立つようになるのか、独りよがりにならないための方法は、などの問題が山積している。

遠隔教育の教材作成には、既製のソフトを利用しているところが多い。たとえば、

カナダのアルバータ州の教育委員会が中心になってエドモントンから行っている中等教育の遠隔教育では、ロータス・ラーニング・スペースというソフトを利用して、非同時方式で教育を行っているし、前述したメキシコのモンテレイにある教育機関も同じロータス・ラーニング・スペースを使っている。今のところ、彼らはそれで一応満足しているが、やはり細かい点でもうひとつ隔靴掻痒の感をもっているようで、工夫が必要だ、と言っていた。(34) それはこのような既製のソフトを使うことからくる制約もあって、今までの『知識伝授型』や『型にはまった教え込み教育』から脱却することが難しいからである。

われわれは、「これこそ理想の遠隔教育方式」といえるものをこの章の7節で提案し、また、教材作成についても、次章『発見する学習・探求する学習へ』の最終節で具体的提案を述べたい。

(34) ただ、どちらの機関でも文字テキストによるチャットを併用していて、これは日本人として私が羨ましく感じたところであった。

6　メルボルンと香港をつないだ実験

一九九四年五月、オーストラリアのメルボルンで数学教育に関する国際会議が開

かれた。その席で、初等幾何学、すなわち、ユークリッド幾何学[35]教育用のソフト『カブリジオメトリ』の開発者コレット・ラボール女史[36]（ラボール先生）が行った実験をご紹介しよう。これはメルボルンの会場と香港の会場とを通信回線で結んで行われたものである。

代数学や解析学が現在も発展しつつある学問領域であるのに比べて、ユークリッド幾何学というのは、すでに完成されてしまった学問で、現在ではユークリッド幾何学は学問的研究対象ではない。しかし、厳密な論理性や直感力を養う格好の材料として、それを中学や高校で教えることが識者のあいだで重要視されている[37]。そのユークリッド幾何学を教えるための非常に強力な、しかも、よく考えて作られた『カブリジオメトリ』というソフト[38]がある。

このソフトウエアについて少し説明しよう。ユークリッド幾何学を勉強するときには、通常は、定規とコンパス以外は用いてはいけないことになっていて、特に作図問題ではそうである。ところでたとえばコンパスで円を描き、円周上に三点をとって、それらを結んだ三角形を紙の上に鉛筆で描いたとしよう。その場合、正確に円周上に点をとることは実際には不可能だから、ふつうは円に内接しているように見える三角形を描いて、それが正確に内接している三角形だと頭の中で考えるの

(35) 日本の中学でふつう習う「幾何学」のこと。

(36) Madame Colette Laborde　彼女は夫君と共同でこのソフトを開発した。夫君は大学に勤めていたが、開発後は大学を辞め、このソフト専門の会社を設立した。

(37) 教育課程からそれを外すことに対して、批判や議論が絶えない。

(38) よく「カブリ」と略称される。ここでも、以下、「カブリ」と書く。このソフトは単なる作図用ソフトではない。

である。

カブリジオメトリではパソコンの画面上に三角形、四角形などの多角形や与えられた点を通る直線を描かせたり、中心と半径を与えて円を描かせることなどができる。つまり、初等幾何で出てくる図形はすべて画面上に描けるのである。

しかもカブリを使うと、次のようなことができる。たとえば、前述のような円に内接する三角形を描きたい場合、まず円を描く。そして、点を円周上に正確にとる。その場合、円周上にあるように見えるという近似的にではなく、『その点は円周上にある』というメッセージが画面上に出るようになるまでマウスで点を円周に近く持っていくと、その点は「正確に円周上にある」とカブリというソフトが判断して右記のメッセージを画面上に出すのである。二点を結ぶ直線の場合も同様で、カブリが判断して適切なメッセージが画面上に出るようになっている。だから、カブリを使って円周上に三点をとってそれを結ぶと、円に内接する三角形が正確に描けるのである。

『その点は円周上にある』というメッセージが画面上に出るように点をとり、マウスをその点に合わせ動かすと、その点は円周上に縛られたまま動く。その際、点が円周上からずれて外れるようなことは起こらない。だから、まず円周上に三つの点をとり、その三点を結ぶ三角形を描いておいて、その三角形のひとつの頂点にマウスを合わせ、上のような操作を施すと、他の二頂点は止まったままで、ひとつの頂点だけを円周上で動かすことができる。

新しいバージョンでは角度の大きさが数値で見えるようになっているから、右に述べたような操作を行うと、使用者は円周角が一定だということにすぐ気が付くであろう。すなわち、そういう事実を「発見」するのである。しかし、これで円周角が一定だということが「証明」されたわけではない。そこを間違えない注意が必要である。

この幾何学ソフト「カブリ」は、前述のように教育用としては珍しいほど高度な機能を備えたもので、しかも幾何学の「発見的学習」(39)に十分活用できる性能をもっているので、わが国にもそれを愛好する先生方が多く、教育の現場ですでによく使われている。

さて、ラボール先生が行った実験について述べよう。メルボルンの会場には、中学生二人（男女各一人）が舞台上にいた。彼らの前にはカブリをインストールしたコンピュータとモニタ画面があり、彼らはそのコンピュータを駆使して問題を解くべく待機している。ラボール先生は彼らと向かい合っており、他には、オーストラ

（39）「発見的学習」については、次章で本格的に論ずる。

リア国際電電の技師が二人控えていた。前方の大スクリーンにもモニタと同じ画像が映しだされる。一方、香港（当時はまだイギリス領であった）のサイトにも何人かの生徒がいて、先生も一人付き添っていた。

メルボルンのコンピュータから出力される画像は、メルボルンの会場だけでなく、香港の画面にも通信回線を通して映し出されるようにしてあった。香港の出力もメルボルンで同様に見られる仕掛けであった。ラボール先生は、二題の問題を両サイトの生徒たちに競争で解かせた。

第一問は、下図にあるように円周上に四点A、B、C、Dがあるとき、その四点を円周上で動かし、それらが長方形を作るようにせよ、というのである。

メルボルンの生徒と香港の生徒は競争で解き始めたが、どちらの生徒もひとつの点（たとえば点A）をマウスでつまんで、円周上を動かし、角Aを直角にしようとする。（カブリでは、角Aの値は数字で表示されるようになっていて、しかも前述のように、円周上の点を持って動かすとき、円周上だけを動くようにすることができる。）点Aをどう動かしても、角Aの値が変わらないことに彼らは気づく。すなわち、円周角が一定であることを彼らは見つけたのである。これは彼らにとって新しい「発見」であったが、同時にまた彼らは途方に暮れた。角Aを直角にしたいが、

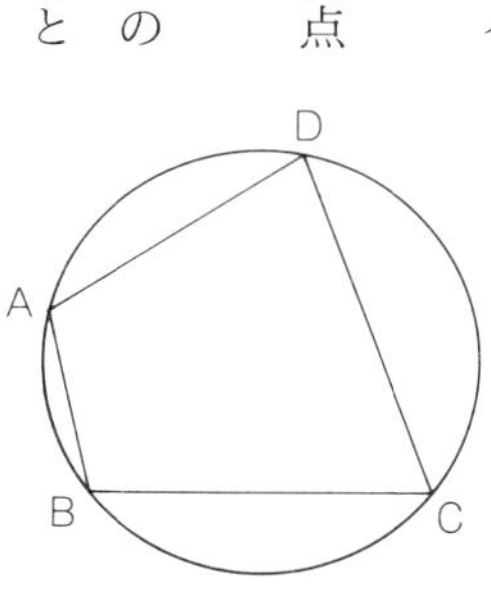

それはできないじゃないか、と考える。他の角B、C、Dについてやってみても、うまくいかない。点Aを上手に動かして、角B（または角D）が直角になるようにすればよいのだ、と気がついたのは、香港の生徒のほうが早かった。第一問の軍配は香港にあがった。[40]

第二問は、下図のように、直角に交わる直線OAとOBがあり、点Pが線分AB上を動くとき、線分QRの長さを最小にするには点Pをどこにとればよいか、という問題である。

QRの長さをカブリは計算して表示できるのだが、この問題は、その機能を使わせないで最小値を与える点Pを求めさせようとするものであった。会場で見ている数学教育者たちには、点Oから線分ABに下した垂線の足をとればよいとすぐわかるのだが、中学生たちはそれを発見するまでに四苦八苦した。今度はメルボルンの生徒が勝って、めでたく一対一で引き分けになった。

円周角が一定であることも、垂線の足が最短距離を与えることも、その証明は当日は要求されなかったが、これはこの実験が遠隔地にある二つのサイトをつないだ『問題解き競争』というデモであった所為であろう。幾何学としては、「証明してごらん」と続くのは当然であるが、証明より先に『生徒に発見』させるところに、こ

(40) 直角のときは、直角だという記号が角のところに現れるようになっている。

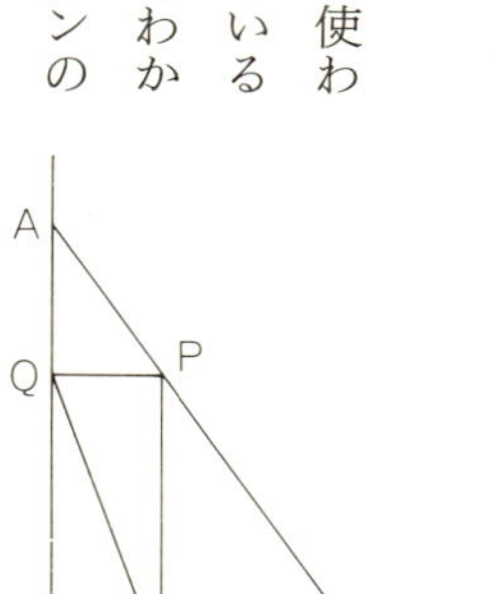

の種の学習のさせ方の意味がある。オーストラリア、香港のどちらの側の生徒も、自分たちのやっている様子が各国の数学教育者によって実際に観察されているという意識もあってか、実に生き生きと、しかし緊張して、問題に取り組んでいた。

この日は、最初は通信手段としてはインターネットを使って開始されたのだが、間もなくそれではとても駄目だということがわかって、急遽公衆電話回線に切り替えられ、両サイトのモニタ画面をビデオカメラで撮ってその画像をスクリーンに映しだすという方式に切り替えられた。ラボール先生は「フランスではISDN回線を使ったインターネットでうまくいくのに、今日はなぜできないのだろう」と舞台の上でいぶかしがっていたが、その理由は簡単である。インターネットによる通信は『瞬時』に行われているように見えても、実はパケット通信であって、しかも、メルボルンから香港まではシドニーで中継され、太平洋を次々とアメリカ西海岸へ渡り、それから延々と香港に達する回線を通るから、ひとつの国の中でやっているのと同じようにいくはずがない。[41] それはよく知ってはいたものの、この日、その状況を目の当たりにして、改めてインターネットの非力さを思い知らされた感がした。[42]

フランスでは、カブリを使ったこのような形の遠隔教育が、教室でのカブリの利用と共に盛んに行われているようであるが、[43] 上述のように、距離が離れすぎている

(41) 逆方向も同じ。しかも各々のパケットがどの回線を通るかは、すべて「貴方任せ」である。電話で直接結んだら、そんな問題は生じない。その代わり、通常は大変な電話料金がかかることになる。この実験当日は、オーストラリア電電(Australian Telecom)と香港の同じような組織が後ろ盾していたから、無料であったらしい。

(42) 後に述べる「われわれが提唱する方式」では、この点には十分な配慮がなされている。

(43) わが国でも多くの学校でカブリが発見的学習に用いられている。それらの先生方が協力して、いくつかの学校間で「共同学習」することも間も

と同時方式は破綻をきたす。将来、現在のインターネットに代わって、情報スーパーハイウェイの太い回線が張り巡らされるようになれば問題は解決するように思われがちだが、高速道路と自動車の数の関係と同じく、渋滞(44)はそのときでも避けられないだろう。とすれば、型にはまった教育でなくて、創造性を養うべく、発見的学習を促すような遠隔教育方式としてはどういう方式をとればよいか、次節で私の考えを述べよう。

7　適切な遠隔教育方式とは？

欲張って動画や静止画、それに音声などの情報を盛り込んで魅力あるマルチメディア教材をリアルタイムで送ろうなどとすると、現在のインターネットではたちまち回線の容量不足で渋滞が起こり、イライラが避けられない。しかも前節で見たように、高性能な教育ソフトを用いた場合にも同様のことが起こる。これらはすべて、現在のインターネットの仕組みをあまり理解していないこと、ネット上の交通量(45)に神経を使っていないことから起こる。現在のみでなく、将来でもこの困難は

なく行われよう。その場合は、距離が近いこともあって、上述のような渋滞という技術的問題は起きないと考えてよい。問題はどういう「発見的学習」の「教材」を用意できるかである。

(44) ネットワークの場合でも渋滞（net congestion）と言う。ケーブルテレビの回線を使うとか、電力会社が張り巡らしている光ファイバーと無線LANを使う方法などを用いて、電話回線を使う現在の方式に比べてはるかに速いスピードで大容量の情報が伝達できるようになるのも間近い。さらに、光ファイバーが各家庭にまで張り巡らされれば、状況はずいぶん変わる。そうなれ

本質的には解決されない性格をもっているから、もっと何かよい方法を考えなければならない。

インターネットの上でホームページを開いてみたことのある人ならすぐ理解できることだが、テキストで書かれた文章はほとんど時間がかからないで見えてくるのに対して、画像ファイルは出てくるまでに随分時間がかかる。[46] 文字部分が先に現れ、時間が経つにつれて画像部分が「じわーっと」現れてくるのである。したがって、作成する側は、画像部分はできるだけ色のない部分を切りつめて、そこの情報は送る必要がないように加工し、画像も圧縮して送る。音声や動画のファイルを送るときはもっと時間がかかる。しかも、音質や画質は下げたくない。それで、最近は圧縮技術開発の必要性が高まり、次々とよい圧縮法が考えられているが、とても文字情報、すなわち、テキストファイルだけを送るときのようなわけにはいかない。

いくら技術が進み、圧縮法が開発され、コンピュータの性能が上がっても、「テキスト」対「画像、音声」[47] の送信能率の比率が小さくなるとは思えない。そこで、できるだけ画像や音声は送らないようにし、テキストだけを送るようにする遠隔教育システムを構築すべきだ、というのが私の考えである。もちろん、そのために教育の質が低下するようなことでは困る。逆にそうすることによってよりよい教育法

ば、渋滞は解消されるだろうが、それはしばらくのあいだで、すぐまた「高速道路と自動車の数」と同様の渋滞発生が起こるのではないだろうか。

(45) traffic　ここではネットワーク上を流れる情報の量という意味で使う。

(46) このことは、画像ファイルは「重い」というふうによく表現される。

(47) 音声ファイルは現在でも、適切な方式を採用すれば、それほど重くなくできる。しかも、人間が（テキストを見ながら）音声情報を聞くスピードにちょうど適合するようにも、何回も聴きなおせるようにもできる。それでもテキストファイ

が行える方法を考えたい。

　それは、教授側にも学習者側にも同じソフトを入れておき、文字情報はもちろんのこと、式やグラフもすべて文字情報、すなわち、テキストフィルとして、それをネットワークを通じて送る、というものである。

　数学の例をとってみると、具体的には、たとえば、特定の強力な数式処理システムを両側（教授者側と受講者側のコンピュータ）に入れておいて、教材も問題もすべてテキストファイルとして送り、それを受講者側がその数式処理システムを立ち上げて解読することによって、本に書かれたような教材の形にもっていこうというものである。解読といっても大げさなことではなく、送られてきたファイルをその数式処理システムで読めば、自動的にグラフが描けたり、式を計算できたりするわけだから、誰にでもできる事柄である。送られるファイルはテキストファイルだけだから、複雑な画像を直接画像として送るのとはわけが違って、通信時間は非常に短くて済む(48)。教科書や参考書には文字だけで文章が書いてあり、所々に「図」や「表」、「グラフ」などを示す「ボタン」が付けてあって、そこをクリックするといきなり本物の図や表、グラフが立ち上がってくるような仕掛けを想像していただきたい。しかも、その図やグラフなどを描くもとの資料がパラメータを含んでいる場

ルほど軽くはならない。音声ファイルをあらかじめダウンロードしてしまう方法もあって、これは動画にも適用できる。

(48) いわゆる、「軽い」のである。

合には、パラメータの動きを指定してやることによって図やグラフが動くようにすることもできる。「音声」もビデオなどの「動画」も同じような仕掛けで[49]、ボタンを押すことで立ち上がるようにできる。

この方法は、何も数学だけでなく、物理やその他の理学、工学、経済学などの社会系の学問・教科、外国語などの学習用にも十分に活用することができる。もちろん、近距離間では現在のインターネット利用で、同時方式の遠隔教育が行えるだろうが、私は、遠隔教育というものは本来、非同時方式の形のほうがよいと思うから、その場合には、教材は印刷教材、ビデオ教材（CDやDVDも含めて）などを、あらかじめ郵便か何かで送るのがよいかもしれない[50]。もちろん、インターネットで「重い」画像等も含む教材を送って、受講者があらかじめダウンロードしておくことも考えられるし、人工衛星によるテレビ教材やデータ送信など、何でも使えるものは使うべきである。

「遠隔教育は非同時方式であるべきだ」というのは、特にわが国は国土も狭いし、学校教育が行きわたっているから、無理に同時方式の遠隔教育をもくろむ必要はないと考えるからでもある。それより、「じっくり時間をかけて、納得いくまで考える」のには、むしろ非同時方式のほうがよく、次章で詳しく述べる『発見的学習』

(49) ただし、それは現在の数式処理ソフトではまだ無理で、別のソフトを組み合わせなければならない。しかし、将来はきっと統合されたソフト一本でできるようになるだろう。

(50) 現に、イギリスのオープン・ユニバシティでもCDで教材を提供する割合が急激に増加しつつあり、とくに、自然観察を伴う理科教育では、それによって学習者自らが「発見」することを促そうとしている。

がそれで十分できると思われる。また、海外滞在子女の教育に関しても、そのほうがよい。何しろ、地球は広く、時差の問題もあるからである。[51]

同時方式で行うのは、遠隔教育よりも、学校間や学校と家庭、または、個人どうしを結んだネットワークであって、そこではインターネットをベースにした音声通信、ビデオ通信を含む情報交換が今後飛躍的に発展するであろう。学校どうしのインターネット上での交流など、今よりずっと活発に行われるようになろうが、それは遠隔教育とは少し違った次元の話である。

以上のような考察にもとづいて、一九九六年にわれわれはこの方式による相当大規模な実験を行い、成功を収めた。それについては第5章に述べる。

(51) この章の5節で美里天文台が行っている時差を上手に利用した同時的な遠隔教育の成功例を述べた。ちょっと考えるとドイツなどの高校の教室から日本の山奥の望遠鏡が制御できるのは驚くべきことのようだが、インターネットで送ってくるのは望遠鏡を動かす信号だけであって、そんなに容量の大きいものではない。本当に望遠鏡を制御する装置は天文台側にあるのであって、これは私がここで提案しているシステムと構造が似ているのである。また、観測された天空のデータも速いスピードで動いたりしないものであるから、遠隔地で画像を見るのに、それほど支障は起こらない。

第4章　発見する学習・探求する学習へ

パソコンをインターネットにつなぐことによって、学校や家庭にいながらにして、膨大な資料を手に入れることができるようになった。教材作りにも役立てられるし、他の学校の生徒たちと情報交換も簡単にできる。これは大きな進歩であるが、実はそれだけではパソコンの機能の一部分しか利用していない。人びとは通信機能のすばらしさに目を奪われ、パソコンが本来もっているコンピュータとしての機能、すなわち、『計算機能』をともすれば忘れがちである。しかし、この計算機能をうまく使えば、今までとはひと味違った『発見的学習』が可能になる。

発見的学習については今までに何度か触れたが、それは、「科学実験」に相当することを「数学やその他の教科」でも行い、「疑問」をもたせ、数多くの事例から

「法則を発見」させる、「学問する道を体得させる」という教育法である。単に知識を暗記し、試験でよい点を取るというような、型にはまった物知り人間・有能人間をつくる『教えこみ』教育ではなく、創造的・独創的な人材を『育てる』には、こういう学習法が欠かせない。

従来も発見的学習は小学校から行われていたが、学年が進み、教える量が増えるにつれ、余裕を失ってなおざりにされてきた。しかも、現在の現職の先生方は、『教え込み』教育で育ってきた関係もあって、発見的教育の重要性をたとえ認識したとしても、よい教材を考え出すことには困難が伴うのではなかろうか。この点についても、パソコンとインターネットをいかに活用すべきかについて、私見を述べたい。

まず、具体例から始めよう。

1　コンピュータを使った実験

カブリというユークリッド幾何学教育用の専門ソフトを用いてラボール女史が

行ったデモについて第3章の6節で述べた。次に、われわれの行った実験について述べよう。

学校教育の一環として、どうすればコンピュータを用いた『発見的学習』ができるかを模索しようと、一九九五年にひとつの実験をある私立中学の生徒を相手に行った。そこの現職教諭である吉田賢史先生が当時私が勤めていた大学の大学院に社会人学生として在学し、私が指導教授になっていたので、彼が担当するクラス(中学三年生)でちょうど「因数分解」を教える機会にやってみたのである。当時はまだその学校にはコンピュータ教室がなく、彼が自分のパソコンを持ち込んで、教室の前方に置かれた二十一インチのテレビ(1)に映し出して生徒に見せるという方式で行った。そのパソコンには数式処理ソフト、マセマティカ(Mathematica)(2)をインストールしておいた。少々長くなるが、その教室内での様子(3)を書いてみたいと思う。

この実験では、まずその前週にやった因数分解について少し復習をしてから、

x^2-1は

$$x^2-1=(x-1)(x+1)$$

(1) プロジェクターも当時はまだ設置されていなかった。

(2) 数式処理ソフトマセマティカについては後に詳しく述べる。因数分解などは、少々のものなら人間とは比較にならぬ速さでやってのける。

(3) 実は、吉田先生が前で授業しているあいだ、私は教室の後ろで観察していた。観察者がいても、生徒たちはそれほど意識せず、実にのびのびと授業を受けていた。そのあたりが、近頃の若者の良さであろう。

と因数分解できることを生徒に思い出させ、x^2-2 は、係数を整数の範囲に限れば因数分解できない(4)こと、x^2-3 についても同様であることを、さらりと説明した後、マセマティカを使ってそれを生徒に観察させた。

次に、x^2-4 に対しては

$$x^2-4=(x-2)(x+2)$$

となって、この場合は整数を係数とする一次式の積に因数分解できることを、生徒に答えさせ、次いでマセマティカを使ってこれを確かめるという順序で進めた。それから、x^4-1 に話を移し、$x^2=X$ とおくと

$$\begin{aligned} x^4-1&=X^2-1=(X-1)(X+1)\\ &=(x^2-1)(x^2+1)\\ &=(x-1)(x+1)(x^2+1) \end{aligned}$$

と因数分解できることを示す。このあたりは生徒にとっては当たり前の話で別にびっくりもしないが、吉田先生はなかなか話の進め方がうまい。生徒は、次はどんな話題になるのだろうと期待する。時間の関係で、直ちに x^4+n の因数分解に話

(4) 無理数を係数にもつ二つの一次式の積になら因数分解できる。実際、$x^2-2=(x-\sqrt{2})(x+\sqrt{2})$

題を移した。

まず、$x^2+n(n=1,\ 2,\ 3)$ が（複素数を用いない限り、実数の範囲では）因数分解されないことに注意をさせておいて、それから x^4+n の因数分解に入るのである。これはふつうは、「$x^4=(x^2)^2$ だから $x^4+n=(x^2)^2+n=X^2+n$ となって因数分解できない」のだと考えがちなところである。「$n=1$ のとき、因数分解できると思う人は手を挙げて」というと誰も手を挙げない。「本当にそうでしょうか」と先生は言って、「念のためにコンピュータに聞いてみましょうね」とマセマティカでやってみると、はたして因数分解できない。それでは「$n=2$ のときは？」と話は進む。「先生にもよくわからないからコンピュータに聞いてみましょうね」と吉田先生はまた画面を見せる。「x^4+3 についてはどうでしょう」となると、生徒は「できない」というほうへ大半が手を挙げる。「コンピュータに聞きましょう」と言って、「やっぱりできないですね」となった後、「x^4+4 についてはどうでしょう」とやるわけだが、大半の生徒が「できない」と手を挙げる。

吉田先生は、「コンピュータに聞きましょうね」と言って、

$$x^4+4=(x^2-2x+2)(x^2+2x+2)$$

を出してみせた。生徒たちのなかから、「ほう！」という感嘆のどよめきが起こる。先生はたたみかけて、「$n=4$ のときだけが例外なのでしょうか。それともほかの n に対しても x^4+n が因数分解されることが起こるのでしょうか」と問う。生徒のなかから声があって、「$n=9$」とか「$n=16$」などとなかなか賑やかである。

先生はニコニコと、「まあ、せっかくコンピュータがやってくれるのですから、順番にやってみましょう」と言いながら $n=5, 6, 7, \ldots$ として、結果をテレビ画面に映し出した。「9は駄目でしたねぇ。16はどうでしょうか。コンピュータに聞いてもよいのですが、少し考えてごらん」のあたりから、生徒はますます真剣になって、このゲームにはまり込んでくる。16も駄目だったことを見せた後、「それではもうないのでしょうか。$n=4$ だけが例外だったのでしょうか。それとももっと大きい n で因数分解可能なものがあると思う人、ないと思う人」で生徒は半々に分かれて手を挙げ始めた。

「次の n は64」という生徒が現れる。先生は実際にマセマティカでその答えが正しいことを示した。「$n=4$ 以外にもできるのがありましたねぇ。もうこれで終りでしょうか」という問いに対して、教室の一番後列にいた生徒が「次は1024だぞ」(5)と隣の生徒に言うのが私に聞こえた。これは驚いたとばかり、私は前方の吉

(5) 半分正しい。本当は、次の n は $n=324$ で、それから $n=1024$ である。

田先生に「この生徒に当てろ」と信号を送り、先生が「＊＊君、何かわかったの？」と答えさせようとしたが、彼は、はにかんで答えようとしない。(6) そのうち、まったく別の生徒が、「1024と違うでしょうか」と言い出した。これには、吉田先生も私も大いに驚いたが、ちょうどそのとき、授業終わりの合図のベルが鳴り、「それでは皆さん、家で続きを考えてきてごらん」とその日の授業を終わった。

2　マンガのレポート

私は、生徒たちの予想外の「感の良さ」と「想像力のたくましさ」に感心したが、その二週間後、吉田先生から驚くべき報告がなされた。ある生徒（奥田真二郎君）が、おずおずとレポートを提出したというのである。しかも、表題は『レポート？』と書かれていた。実はそのレポートを彼はマンガ形式で書き、それを友人に見せたところ「こんなふざけたレポートを書いたら先生に怒られるぞ」と言われて、『？・マーク』を付けた由であった。

そのレポートの全文（全画面）を、１０６ページから六ページにわたって掲載す

(6) これは日本人の通弊であろう。私は昔アメリカやオーストラリアの大学で教えた経験があるが、彼らはもっと活発で、はにかんだり、遠慮したりすることは少ない。シンガポールで中国人学生を教えたとき、日本と同様に感じた経験があるから、あるいは、孔子の教えを守る東洋人一般のもつ謙譲の美徳かもしれないが、それは今後通用するかどうか疑問である。あまり厚かましいのも困るが、遠慮は自信の無さと紙一重である。

る。彼はコンピュータを当時はもっていなかったから、先生が教室で見せた結果だけから、あとは自分で計算して、苦心して発見した様子をマンガ形式で記したのであろう。「マンガ」といえども「画像」で、そのもつ情報量が文章に比べて格段に大きいことに、われわれは本当に驚かされたし、マンガのなかに漬かって成長した世代の表現方法、表現力の豊かさに舌を巻いた。

画面そのものが具体的に表現しているからここで野暮な解説は不要かと思うが、第一画面で「カキカキ」と書いているところは、彼が懸命に計算しているところを示すのであろう。第二画面の「その2」という部分で、「では次の数字はなにか?」、「x^4+16でしょ!!」、「解けない。どぼちて……」、「実は、次の数字はx^4+64なんだ」までは、前記のとおり教室で吉田先生がやってみせたものである。読者はそれから先の彼の「発見」をどうぞご覧になって楽しんでいただきたい。見事なものではありませんか! しかも、「全部偶数」、「あら、全部平方根がある数字(7)ね」、「あらら、きっちりならんじゃった」、「わかった」などと書いた後「えっへん」で得意満面の様子が生き生きして、どこから見ても、彼のエンジョイぶりが伝わってくる。

彼は、決して目から鼻に抜けるようなタイプではなく、どちらかといえば、数学

(7) ある数の2乗(平方)になっているような数を数学用語では「平方数」という。彼はその数学用語をまだ知らない。

が得意なほうでもなかったと吉田先生から聞いた。学校で平生習う数学は、むしろ嫌いなほうであったそうだが、このレポートでは、彼は単にx^4+nが因数分解可能なnの値をいくつか求めただけではなく、並々ならぬ努力をしてそのようなnが秘めている法則性を発見し、定理の形までもっていって、しかも、証明までつけている。ここに、彼の『根元まで戻って考え、独創的な研究をする才能』がうかがえる。

逆に、普段学校で数学の成績の良い生徒の多くが、この授業に対してそれほど興味を覚えなかったという事実のほうが私には印象に残った。彼らは、あるいは、問題集の問題を片端から解いて答えが合っていることにだけ快感を覚え、それが人生の目標のように思っているのかもしれない。試験問題に対して解答を得るという形式どおりの思考ではなく、推論と検証を繰り返しながら法則を見いだすという「発見的思考」を要求されたとき、彼らはどうしたらよいのか途方に暮れてしまうのではないだろうか。試験で高得点をとるためには『パターン認識式学習法』(8)をさせることが近道であろう。ものの道理がわかっていようとそうでなかろうと、与えられた入力に対し型どおりの解答を出力する方が早く、楽に高得点をとることができる。そのような指導を受け続けた生徒は、試行錯誤を繰り返すより結果を早く知りたい、

(8) 前にも述べたように、よく出題される問題のパターンとそれに対する典型的解答法のパターンとを記憶しておくと、問題の内容を理解していなくても、解答はすばやく出せる。

No.

Date

◎因数分解◎

その1

$x^4-1=(x^2+1)(x+1)(x-1)$

となる

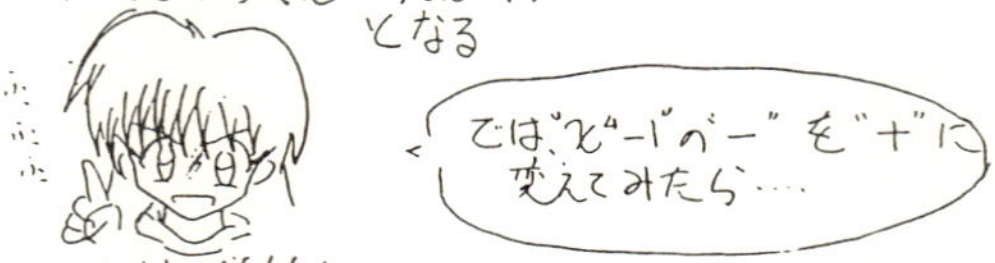

になる。

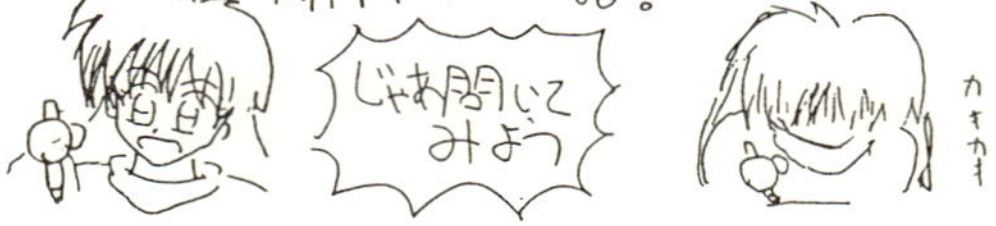

ではx^4+2では!

ではx^4+3では!!

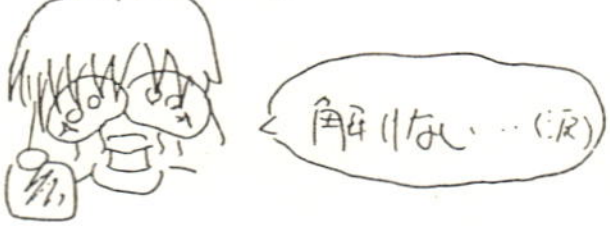

じゃあx^4+4では!!!

No.

Date

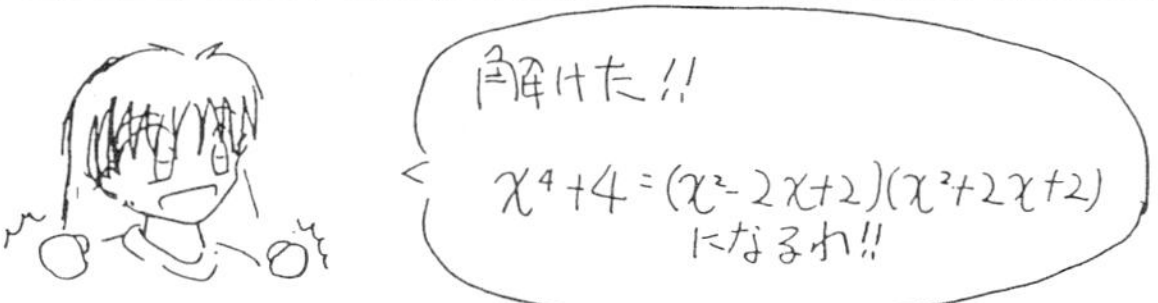

解けた!!
$x^4+4=(x^2-2x+2)(x^2+2x+2)$
になるわ!!

x^4+a の場合は解があることが分かった。

(x^2+a の場合は解はないのである)

その2。

では、次の数字はなにか?

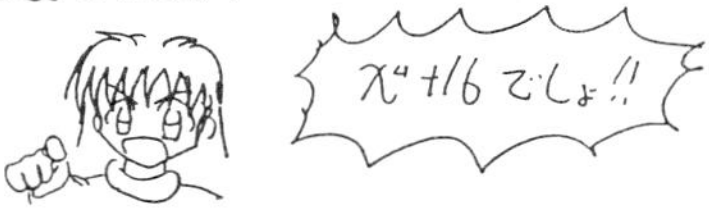

x^4+16 でしょ!!

では、解いてみよう、

解けない
どぼちて…

そう、x^4+16 じゃ解けない。

実は次の数字は x^4+64 なんだ。

ふ〜ん

$$x^4+4=(x^2-2x+2)(x^2+2x+2)$$
$$x^4+64=(x^2-4x+8)(x^2+4x+8)$$

2つを見くらべてわかることは?

せんせい

じゃあ、その次とまたその次の数字をあげてみよう。

$$x^4+324=(x^2-6x+18)(x^2+6x+18)$$
$$x^4+1024=(x^2-8x+32)(x^2+8x+32)$$

う〜ん?

なにかわかることは?

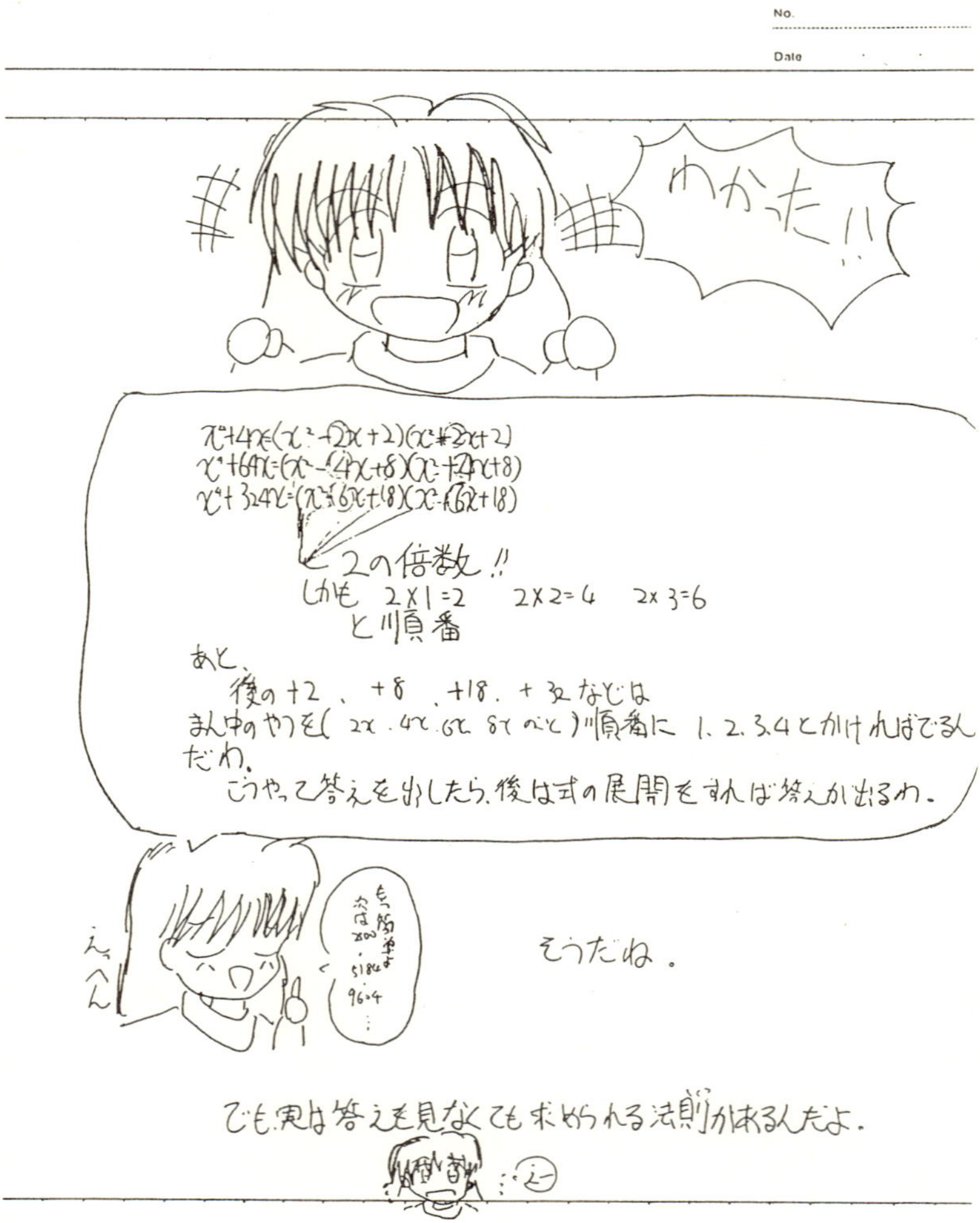
No.
Date
わかった!!
x⁴+4=(x²−2x+2)(x²+2x+2)
x⁴+64=(x²−4x+8)(x²+4x+8)
x⁴+324=(x²−6x+18)(x²+6x+18)
2の倍数!!
しかも 2×1=2 2×2=4 2×3=6
と順番
あと、
後の +2、+8、+18、+32 などは
まん中のやつを(2x、4x、6x、8x など)順番に 1、2、3、4 とかければでるんだわ。
こうやって答えを出したら、後は式の展開をすれば答えが出るわ。
えっへん
もう簡単よ 次は 5184・9604…
そうだね。
でも実は答えを見なくても求められる法則があるんだよ。
え〜

No.

Date

その3。

では、まず式をならべてみよう。

x^4+4
x^4+64
x^4+324
x^4+1024
x^4+2500
x^4+5184
x^4+9604

← ここを見て気がつくことは?

偶数!いいところに気がついたね。
とりあえず2でわってみよう。

2
32
162
512
1250
2592
4802

1
16
81
256
625
1296
2401

※ aを負でない数とするとき「2乗するとaになる数」をaの平方根という

そのとうり！ではもとめてみよう
1
4
9
16
25
36
49
まだいける
みたい
1
2
3
4
5
6
7
あらららー
きっちりならんじゃった
もう分かるよね。
フム
x^4+a のaは…。
$a=4b^4$
で求めれま〜す♡
よく求めることができました…
ちゃんちゃん

No.

Date

(ex) x^4+4を因数分解せよ

$x^4+4=(x^2-2x+2)(x^2+2x+2)$

cf $x^4-4=(x^2+2)(x^2-2)$

$X=x^2$とおく

$x^4+4=X^2+④$

$(X+2)^2=X^2+4X+4$ ひかく

$X^2+4=X^2+4+4X-4X$

$=(X+2)^2-4X$

よって $x^4+4=(x^2+2)^2-4x^2$ (∵ $X=x^2$)

$=(x^2+2)^2-(2x)^2$

cf $A=x^2+2$ $B=2x$
$A^2-B^2=(A+B)(A-B)$

$=(x^2+2x+2)(x^2+2-2x)$

$=(x^2+2x+2)(x^2-2x+2)$ //

ちなみに x^4+64では……

$X=x^2$とおく

$x^4+64=X^2+64$ ひかく

$(X+8)^2=X^2+16X+64$

$x^2+64=X^2+64+16X-16X$

$=(X+2)^2-16X$

$=(x^2+2)^2-16x^2$ (∵ $X=x^2$)

よって

$x^2+4=(x+2)^2-(4x)^2$

$=(x^2+4x+8)(x^2+8-4x)$

$=(x^2+4x+8)(x^2-4x+8)$ //

もしくは、試行錯誤さえもできなくなっていると考えられる。それらの生徒の将来を危惧すると同時に、私はまた、奥田君のような生徒が将来どんな人間になるか、密かに楽しみにしている。

3　生徒たちの感想と意見

授業を行った前後に吉田先生にアンケート調査を行ってもらった。以下、それについて触れたい。

表に示すように、コンピュータを利用した学習にはものめずらしさも手伝い、多くの生徒がふつうの授業より『楽しい』と答えている。しかし、ものめずらしさからくる『楽しさ』はすぐ飽きてしまい学習意欲の向上には大きな影響を与えない。学習意欲の尺度として、『もっと調べてみたい』という項目を設けた。すると通常授業に比べて倍近くの生徒が「もっと調べたい」と答えた。授業が活発になり、またもっと調べたいという学習意欲が生まれたのは、単に

質問：因数分解は楽しいですか？　(%)

	はい	いいえ	どちらともいえない
通常授業	31	35	34
コンピュータ演示後	57	26	17

質問：因数分解についてもっと調べたいですか？　(%)

	はい	いいえ	どちらともいえない
通常授業	17	42	41
コンピュータ演示後	36	38	26

コンピュータを使用したからではない。発見する過程の試行錯誤を生徒たちが楽しみその重要さに気づいたからこそ、このようなアンケート結果になったのであろう。

この実験に気をよくした私は、大学生相手にも、同じ問題で考えさせてみることにした。教室の中にノートパソコンを持ち込んで、RGBプロジェクターを用いて、マセマティカが吐き出す結果を前方の大スクリーンに映し出し、中学生相手にやったときのように、学生に問いかけ、法則性を見いださせていったのである。ある程度教室内で考えさせて、後はメールでレポートさせることにした。しかも、授業の終わりに用紙を配って、その日のような授業の進め方に対する『感想』と、『提出されたレポート（メール）をクラスの全員に公開して、他人のレポートを見て改良して提出してもよい、というやり方』に関して、賛否を問うた。

対象が、物理学科や、応用数学科の学生であったこともあるのだろうが、ほとんど全員が、このような「単なる説明で終わる授業より、自分で考えることができるのでおもしろかった」とか「授業中に頭を使う進め方が、とても楽しかった」という感想をもった。大教室でも、ゼミ形式のような授業の進め方が、工夫次第でできるし、しかもコンピュータを用いることで、より充実したものになる様子がわかる。

彼らにとっては「因数分解は、懐かしい話題」だったのだが、『法則性の発見』ということで、新しい視野が開けた感じがしたらしい。

一方、レポートの公開に関しては、大部分が賛成で、「そうすることによってよりよい考えを出していけるだろう」と思うのだが、「他人のは見たいが、自分のを見られるのは恥ずかしいからイヤ」という学生が相当数あった。おもしろかったのは、女子学生にはそういうことを書くのがほとんどいないのに、男子学生に何人かいた、という事実である。これを、男子の方が恥ずかしがりと見るか、女性は本音を言いたがらない、と見るか、その辺のところは微妙かもしれないが、「それより『ニックネームで公開』はいかがですか？」というような意見もあった。

レポートの提出者数はそれほど多くなかったが、「なぜ $n=(2m^2)^2$ のときだけ整係数の範囲で因数分解できるのか」を考えて証明しているレポートもあり、さすが大学生かな、という気もする。実は、この問題の他に、次章で述べる「x^n-1 の因数分解」についても言及し、「何か法則を発見してレポートして見よ」と課題として出した。男女三人の学生が一緒に考えて得られたすばらしい結果を、共同のレポートとして電子メールで送ってきたが、それについては『セビリアからの公開実験』と関連するので、第5章に述べることにして、この節の最後に次のことを書き記しておきたい。

本章のはじめ、すなわちこの章の1節に述べた x^4+n の因数分解は、種明かし(9)をしてしまえば簡単である。実際、

$$x^4+n=((x^2)^2+2\sqrt{n}\,x^2+n)-(2\sqrt{n}\,x^2)$$
$$=(x^2+\sqrt{n})^2-(\sqrt{2\sqrt{n}}\,x)^2$$
$$=(x^2+\sqrt{2\sqrt{n}}\,x+\sqrt{n})(x^2-\sqrt{2\sqrt{n}}\,x+\sqrt{n})$$

という変形法を知っていれば、係数が整数になるのは、$\sqrt{2\sqrt{n}}=m'$（整数）となるときであり、したがって $2\sqrt{n}=m'^2$ でなければならないが、m'^2 が偶数になるためには m' 自身が偶数でなければならず(10)、したがって、$m'=2m$ とおけば、結局

$$\sqrt{n}=(1/2)(m')^2=2m^2 \quad \text{だから} \quad n=4m^4$$

という結果が得られる。こう見ていくと、これは単に

$$a^2-b^2=(a+b)(a-b)$$

という因数分解の式の技巧を凝らした応用にすぎない。だから、このような技巧を凝らすことをあらかじめ教えておけば、誰でもできることである(11)。

(9) この事実を知っている大学生にも出会ったことがある。高校で習ったらしい。その学生にとっては、私の出した「発見的学習方法」はそれほど魅力のあるものではなかったようだ。「何でも教えて、記憶させる」ことの無意味さを示すものだろうか。

(10) 奇数の平方は奇数だから。

(11) この種の因数分解は文部省の指導要領で省かれた部分であったと聞いた。

しかし、私がやって見せたように、コンピュータを駆使して多くの場合を検証し、どういう場合はできるのか、それはなぜか、というふうに考えていかせるのは、まったく違う狙いをもっている。前述の奥田君も同じ結論に達していたが、結論に達したプロセスがまったく違うことに注目して欲しい。彼は、「発見した」のであって、「教えられたとおり公式を適用した」のではない。そこには限りない「発見の喜び」がある。しかも、昔から、学問を研究するものは、このようにしていろいろと試みた末、何かを発見するという喜びを味わったのである。

パソコンとインターネットによって、初等中等教育までが大学院生の研究と似てきている現在、「教え込み教育」から「発見の喜びを伴う」学習に移行するのはごく自然の成り行きであろう。

4 カブリを使って発見させる

岡山大学教育学部付属中学の川上公一先生は教育熱心で知られているが、同僚の先生方と共同での授業のなかで次のような興味ある課題を生徒に出された。

今、平面上に正三角形ABCがあるとし、辺BC上に点Dをとる。三角形ADEをその一辺がADであるような正三角形とするとき、点Eはどんな線の上にあるか？

ここで重要なのは、カブリを使えば点Dを辺BC上で「動かすことができる」ということである。それにつれて点Eも動く。生徒は点DをBからCまで動かしてみる。そうするとEがある直線上を動くことがわかる。すなわち、点Eの軌跡がコンピュータの画面上に一目瞭然と見えるのである。「百聞は一見にしかず」であって、これは紙の上に静止した図を描いたのでは見つけにくい。もちろんこれだけではダメで、なぜその直線上をE点が動くのか証明が必要になるが、それは紙と鉛筆で容易にできる。

次に生徒にもっといろいろなことを考えさせる。自由に考えさせるのである。すると、点DがBC上でなく、その延長上にあったらどうか？　三角形の周上をぐるっと回ったら？　もとの三角形が正三角形でなかったら？　等々、生徒はいろいろと考える。その結果をカブリで容易に「見る」ことができる。

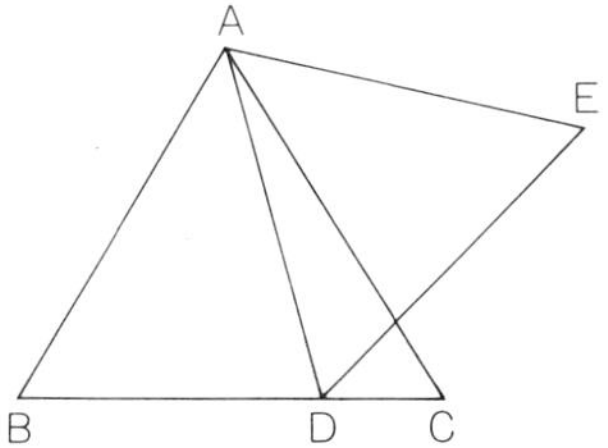

このような例はいくつもあげることができよう。三角形の五心は格好の話題になる。たとえば外心を話題にとることができる。鋭角三角形を最初に描いておいて、一つの頂点を摘んで直角三角形にしたり、鈍角三角形にしたりして、その三角形の外心が内部から外部へ出てしまうことを見せることもできる。一方、重心は外へは出ない。なぜだ?「重さを支える点」だから、当たり前じゃないか、等々。

これらは、「さらなる発展」という点で考えると、第5章にあげた因数分解の最後の例には及ばないが、それはユークリッド幾何学という枠内だから、ある程度しかたがない。

従来は「軌跡」の問題でも、静止した図でしか表現できず、あとは頭の中で考えていたが、コンピュータのお陰で目の前に「動く有様」が見えるようになった。しかし、証明はまた別に考えなければならないことを先生は強調する必要がある。マセマティカでグラフを描いてどこかの点を「通る」ように見えても、本当に通っているかどうかは、数学的に厳密に試さなければならないのと同じである。すなわち、コンピュータに騙されてはいけないという注意をさせることが必要であろう。

次に、カブリを使えば興味深く観察することはできるのだが、実はあまりカブリ向きでないという例をあげよう。

平面上に三つの円を、そのうちのどの二つも交わるようになっているように描く。そのとき三本の根軸（二つの円が交わったとき、それらの交点を結ぶ直線）は一点に交わることを証明せよ。

これは割合よく知られた定理だが、これをカブリを用いて生徒が自ら発見するようにし向けるのは、少々困難であろう。一度この事実を知ってしまえば、実際にカブリで図を描いてみて、円周の上の点を摘んでいろいろと動かしてみると、図全体が動くが、三直線はいつまでも一点で交わっている。もちろん三直線も動くから、交点も動く。見ていると非常に楽しい。ところが、これをカブリで確かめても、証明は初等幾何で従来どおりの方法でやらなければならない。証明に対してはカブリはほとんど無力と思われる。

一方、これを解析幾何で考えると、この定理は証明するまでもないほとんど明らかなものである。実際、この三つの円を式で書くと

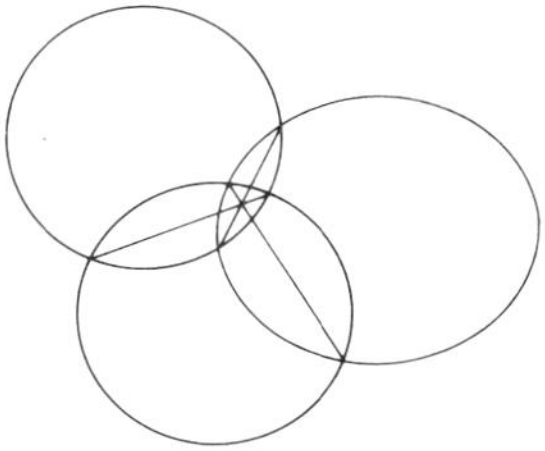

$$(x-a_1)^2+(y-b_1)^2-r_1{}^2=0$$
$$(x-a_2)^2+(y-b_2)^2-r_2{}^2=0$$
$$(x-a_3)^2+(y-b_3)^2-r_3{}^2=0$$

となるが、展開してそのうちの二つを等しいとおけば、二円の交点を通る直線（根軸）の方程式が得られる。こうやって三本の根軸の方程式を書き、そのうちの二本の交点の座標がもう一本の根軸の方程式を満たすことを見るのはきわめて容易なことである。

これは、ユークリッド幾何を代数計算に直して解くというデカルトの考えの威力を改めて認識させてくれる例として非常に良いものであろうが、カブリの例としては、あまり感心しない。それは、これが本来「動く」ものを対象としたものではなく、一点に交わるという定理だからである。カブリは、あくまで、軌跡がよくわからぬような場合に、何かを動かしてみて発見するための強力な道具であると考えたほうがよい。従来、幾何学は「静的」なものであったが、カブリを使えばそれは「動的」になる。そして、われわれがふつう何かを発見するのは、一つの静的なものを眺めているときより、動的なものを眺めているときだ、ということに注目して

おきたい。(12)

5 「教育用ソフト」とはどんなソフト?

何年か前までは、コンピュータでできるのは数値計算だけであった。しかし、近頃では数式処理を行う強力なソフトウエアが開発され売り出されていて、およそ、数値計算や数式計算をやる場合には、そのようなソフトウエアに任せたほうが、人間が紙と鉛筆でやるよりよっぽど早く正確に行ってくれるから、それらは必要不可欠のものになりつつある。あたかも日常生活で電卓が至るところで使われているのと同様である。しかも、電卓の値段が当初に比べて急落し、今ではほとんどタダ同然であるように、高性能な数式処理システムも手の届く範囲の適当な値段になってきた。

それらの代表はマセマティカとメイプル (Maple) であろう。今までに、いくつかの数式処理システムが開発されたが、ハードウエアの性能がまだ低かった頃には、パソコン用ソフトでは大した処理はできず、本格的な数式処理をしようと思うと、

(12) 本章の最初に述べた因数分解の例は、多くの結果を見渡すことから始まるから、やはり動的と考えられる。

高価な専用マシンを使う必要があった。(13) しかし、最近はハードウエアの性能が驚くほどの進歩を見せ、上記のような高性能のパソコン用ソフトが出現したのである。しかも、これらのソフトは毎年進歩しつつあり、現在でも人間がやれるほとんどの処理を高速でやってくれるが、将来はもっと便利に使えるようになるだろう。(14)

マセマティカやメイプルは、パソコン、ワークステーションなど、いろいろな機種に対して互換性をもつ統合的な科学技術計算ソフトで、しかも価格はそれほど高くなく、(15) 取り扱いも簡単である。そのくせ、性能は非常に高度で、第一線の研究者が研究のための計算に用いるのに不足のない性能をもっている。数学や統計学、物理学、生物学、工学、それに社会科学の研究用のみならず、工学分野の開発・生産・デザイン開発のツールとしても用いられ、金融の分野では財政モデリングの発展に重要な役割を果たし、プランニングと分析などの広範囲に応用されている。また、高度な計算機プログラミング言語という面ももっている。

研究用に使えるものが教育用に使えないはずはなく、この二つを教育目的に使うということが現在世界的に流行している。わが国でも多くの教育現場でこれらの数式処理システムの活用が実践に移されつつある。特定の企業が開発した製品の肩をもつのはあまり好ましくないが、具体的に述べないとわかりにくいだろうから、そ

(13) たとえば、一世を風靡したパソコン用のミューマス（後にderiveと改名された）は、性能がもう一つであり、より高度な性能をもったマキシマはシンボリックスという2千万円もする専用マシーンを必要とした。

(14) すでに第3章7節に、ボタンということばを使って述べた。将来はもっと進化して使いやすくなるだろう。第6章でそれについて触れたい。

(15) 教育用には特別の価格設定がある。また、教育用のパッケージも売り出されている。

れらによってどれぐらいのことができるかを見てみよう。

まず、ふつうの関数電卓でできるようなことは容易にできる。たとえば、2の平方根や円周率の値を5、000桁まで求めよ、というようなことは瞬時にできる。[16]素数を小さいものから順に1、000個書き並べて見よ、という命令を入れたら、答えはやはり瞬時に出てきた。10、000個ではどうか、とやると12秒かかった。10桁や20桁の整数の素因数分解なども、たいていの場合は、アッという間にできるし、微分や積分の計算も高等学校や大学初年級で教える程度のものならば、すぐやってくれる。数値積分はお手のもの。微分方程式の解を求めたり、数値的に解くことも相当広範囲のものに対して可能である。特殊関数に関する計算も強力に行う。視覚化の機能も抜群で、二変数関数の立体的な三次元グラフを描かせてみるとすばらしいでき映え。しかも、どの点や方向から眺めた図を描かせるか、等も指定できるし、パラメータを動かしたとき、それにつれて図はどう動いていくかなども示せる。フラクタル図形やその他芸術的なイメージを描く楽しみもある。数え始めたらきりがないぐらい、多種類の機能を備え、それらが統合された環境を誇っているのである。

従来の日本の数学教育、特に、中学高学年・高校における教育には、この数式処

(16) 1秒以内。もちろん、計算時間は使っているパソコンの中央演算処理装置(CPU)の性能による。私が試したのは、ペンティアムII(クロック数233MHz)相当品である。

理システムで置き換えられるようなものを一生懸命練習させて、成績を競い合わせるような面があった。すなわち、決まり切ったアルゴリズムを覚えさせ、数値なり文字を代入させて、数式を変形させ、答えを求めさせる。その答えのもつ意味は二の次で、計算が速く正確にできればよい、というような教育なのである。受験にはその腕力がものをいうからである。

もっとも、これは何も日本に限ったことではなく、諸外国にもその傾向はあった。(17) しかし、日本は突出していた、といっても過言ではあるまい。その成果が、第1章で述べた国際数学教育調査に現れたもので、日本は好成績を得たのである。しかしながら、文章題だとか、頭を使わなければならないような応用問題では、日本の成績は決して芳しいものではなかった。一言で言えば、これまでの日本では能率のよい「学習機械」を製造していたのであって、今までずっと述べてきたように、まさに壮大な人的資源の無駄遣いをしていたと言ってよいであろう。

コンピュータ時代にこんな割の合わないことをやることはなく、コンピュータに任せられることはコンピュータに任せ、人間はその出した結果を見て、十分頭を使って考えることに専念すべきであろう。現在の数式処理システムはそのような使い方が十分できる程度まで成長した。近い将来には高性能の数式処理システムがど

(17) ある国際会議でオーストラリアから来た発表者がそのような意味の報告をしたとき、多くの人がうなずいた。だが、それがすべて「悪」だと言い切れないところに教育者のジレンマがある。数学的思考が不得意な生徒から「計算が正しくできて答えが合う」という楽しみを奪ったら、何も残らず、数学嫌いを増やすだけかもしれないからである。

のパソコンにも入れられている状況を想定して、教育にそれをいかに用いるかを考えなければならない。

それでは、数式処理ソフトに全面的に依存して、数式処理システムの使い方だけを教えて、数学教育は止めてしまってよいだろうか。数学に興味をもたせるために、または、これ以上数学離れを増やさないように、程度を落としてやさしいことだけ教え、後は数学史でも教えるといった態度が正しいのだろうか。

もちろん、高校や大学の現在の教科書や参考書に書いてある問題のほとんどは、これらのソフトを使えば瞬時に解ける。それは、小学校の足し算や引き算、かけ算などの問題が電卓を使えばすぐできるのと同様である。

それでは、小学校で算数を教えなくてもよくなったか、かけ算の九九を覚えさせなくてもよいか、というと決してそうではあるまい。電卓を学校に持ち込むことの可否は今でもずいぶん論じられている問題であるが、ソロバンが頭の訓練になるのと違って、電卓にはそのような面さえもない。答えが、ブラックボックスの中から突然得られるだけであって、電卓が器用に使えたからといって、計算の意味がわかったとは言えないだろう。[18] 同じように、数式処理システムの使い方だけを教えて数学教育の代用にする、すなわち、まともな数学教育はしないなどということは、

(18) ソロバンが上手だからといって、算数がわかっているとは言えないだろう。しかし、電卓の場合とは少し違う。

考えることすらできない事柄である。そうではなくて、いかに数式処理ソフトなどの「教育に効果的に用い得る」ソフトを正しく有効に使いこなし、授業に役立たせ、次世代の人材を養成するかが、教育者に課せられている問題なのである。(19)

次に、いわゆる『教育用ソフト』について考えよう。一九九八年三月の文部省の調査において「教育用専門ソフトを使って授業に活用できる教員の割合は22・3パーセントに留まっている」(20)という報告がなされた。しかも、文部省は上記の「教育用専門ソフトの開発」に相当な予算を付けようとしている。いったい、どのような『教育用専門ソフト』を開発させようというのであろうか。

今まで、このようなソフトとしては、当初はコンピュータに興味をもった現場の先生方が熱心に開発したもの、ソフトハウスが安易に開発したものなど、いくつかのものがあった。最近では、相当立派なソフトを開発している先生方もおられる。学校で教えるかたわらそういう開発を行われるのだから、その努力には敬意を表したい。しかし、使い勝手が問題である場合もある。本当に使用に耐えるようなものはどれぐらいあるだろうか。イギリスでもブレア首相が全英の学校をインターネットで結ぶ四ヵ年計画を最近発表したとき、そこでも「教育用ソフトの開発」が唱えられている。はたして『教育用ソフト』とはどんなものなのだろう。

(19) 学校の教室においてであれ、遠隔教育であれ。

(20) このことは第2章3節に述べた。

残念ながら、わが国で開発された教育ソフトには、指導要領や教科書の内容に忠実なものが多く、前述のマセマティカやメイプルのような性能をもっているものはほとんどなかった。そういう程度の低いものを使っていたのでは、定められた範囲から少しでも逸脱しようとすると、すぐ使用に耐えなくなるのである。

発見的学習に本格的に取り組もうとすると、学習者が自らの興味でいろいろな場合を試したくなり、より深く追求してみたくなるから、ほとんどすべての場合に対応できるだけの『強力さ』がソフトに要求される。文部省のいう『教育用専門ソフト』がもし「教育だけに用いられるような専門ソフト」、すなわち「文部省の定めたカリキュラムに忠実に、範囲を逸脱せぬように気をつけながら用いることしかできないソフト」を指すならば、二十一世紀に有用な人材はそんな枠にはまったところからは輩出されないだろう。

結局、教育用に実際に使えるものは、実は「研究用に使っても遜色がないような高度なもの」であって、開発されるべきなのはそのようなソフトである。「教育用ソフト」と称している「教育にだけ使えるソフト」などは、実は教育にもとても使えた代物ではない。わが国で、マセマティカやメイプルと同等か、もっとよいソフトが開発されればそれに越したことはないが、つまらぬ教育用ソフトなどを開発するぐらいなら、世界を見渡して最強のソフトを使って、いかに教育が行えるかを見極めるほうが大切なのではなかろうか。

前に私はユークリッド幾何学用のソフト『カブリジオメトリ』について触れた。これは教育用の立派なソフトウエアである。代数学や解析学が現在も発展しつつある学問領域であるのに比べて、ユークリッド幾何学というのはすでに完成されてしまった学問であって、それは現在では学問的研究対象ではないから、カブリジオメトリは本当の意味の教育ソフトであって、研究用に開発されたものを教育に用いているのではない。だが、この幾何学ソフトは教育用としては珍しいほど高度な機能をもち、高性能なものであって、幾何学の発見的学習に十分活用できるのである。したがって、その位置づけは、世界的に有名な教育用専門のソフトウエアと言ってもよく、ただひとつの例外かもしれない(21)。

数学では、幸い立派な数式処理ソフトがあり、また、カブリジオメトリもある。他の科目のことは私はあまり知らないが、それらに匹敵するようなものがあるという話はあまり聞かない(22)。しかし、たとえば『エクセル』といったような表計算ソフト(23)は、今やどのパソコンにでもついていると言っても過言ではなく、非常に汎用的に使えるものである。どの分野でもこのような表計算ソフトは必要とされる。数

(21) わが国でも初等幾何の作図用ソフトなど、立派なものを開発している先生方もおられる。しかし、カブリほど世界的に有名でないのは残念なことと言わねばならない。

(22) もちろん、シミュレーションソフトは教育用に大いに使えよう。

(23) 別に計算機能を使わないでも、「表」を書くだけで十分なことが多い。しかも、それを棒グラフにしたり、折れ線グラフにしたりできるから、とても便利に使える。

学のみならず物理学などの他の理学でも、社会学でも、文学の研究や教育の場でも、表計算自身や表計算ソフトを用いてグラフを描かせたりすることは、理解を深めるのに役立つ。また、データベースソフトも事務処理だけでなく、研究用にも教育用にも工夫次第で、あらゆる分野で役に立つ。

また、ビジネスゲームなどのソフトも使いようによっては教育、とくに経済学や経営学の教育に大変役立つであろう。二つのチームに分かれてビジネスゲームを戦わすことは、遠隔教育においてさえ実現可能である。判例のデータベースはもちろん法学教育に使えるし、文学作品から得られるデータベースも文学教育に使える。美術の教育には世界中の美術館の絵画などのデータを集めたきれいなCDやDVDがうってつけの教材になるであろう。それらは、本来教育用として製作されたソフトではないのである。(24)

語学の学習には、もし将来機械翻訳ソフトがもっと進歩したら、これも教育に使えるであろう。残念ながら、現在市販されているものは、それほど優れた性能を有していない。したがって、現段階では、マルチメディアが活用されるべきであると思う。そこではパソコンに組み込まれた辞書が重宝に使えるし、CDやインターネットで得られる情報も、別に学習教材という『教育用』でなくても、一般の外国

(24) 他の目的でつくられた映像ソフトなどから、音声・画像付き教育用データベースをつくり、しかも、衛星回線で高速に配信しようとする試みがわが国でも開始されている。これは大いに価値あることであるが、教育に真に役立つかどうかは、それをどういう形で活用するかにかかっている。変に教育用ソフトに仕上げたりせず、教育用のデータベースとして、現場の先生方の有効利用に任せる方が良いだろう。

語聞き取り用のテープやビデオと同じように有効に教育に利用できる。ひとつの例として、次のような使い方があると、神戸外大西川喬教授にうかがった。スペイン語には、「見る」という言葉に mirar と ver があり、英語の look と see にほぼ対応している。何種類かの新聞と文学書何冊かを入れたデータベースから、たとえば CatFind というような強力な文章検索ソフトを使って、一行以内とか三十語以内とかに、この両方が含まれている文章をいくつも選び出すというようなことがコンピュータのお陰で簡単に行える。それらを眺めてこの二つの単語の意味の違いを知ることなども可能だ。

もっとも語学というのは学問というより外国語を使いこなす技術という面が大きく、鍛錬が必要である。それは体育やピアノ練習に通じるようなもので、繰り返して行う練習がものを言う。したがって、古い形のCAI、すなわち、コンピュータを使って簡単な問題演習を繰り返し行わせる、という方法が生きてくる唯一の分野であろう。それでも、日本語をまったく使わず、最初から外国語でどんどん授業を進めていくやり方、すなわち、ちょうど幼い子供が言語を自然に覚えていく過程と似た方法を用いて、発見的に外国語を学習させることもでき、実はそれのほうが望ましい。アメリカに多い「外国から移民してきた人のための英語教育ソフト」なども役に立つようだ。

一言でいえば、教育用ソフトの文部省お声掛かりの開発より、「良い題材やソフトをいかに有効に教育に役立てるか」ということが問題であって、それこそが教育にたずさわるものの留意すべき点である。学習者がいかに意欲的に立ち向かうようにし向けるか、潜在能力をいかにして引き出すか、すなわち、どうすれば良い教育が行えるかということが問題なのである。コンピュータの有無にかかわらず、それは教育の原点であると言っても過言ではあるまい。

6　いまこそ発見的学習・探求的学習を！

赤ん坊や幼児が言語を学習するメカニズムはまだよく解明されていない。チョムスキー(25)は「人間には生まれたときから言語を習得する遺伝子のようなものが備わっている」としているが、なるほど、犬や猫の赤ん坊は人間の家庭で飼育されても人間のことばをしゃべるようにはならないから(26)、言語習得能力は人間に本来備わっているのであろう。その証拠に、人間ならば、人種がいかであれ、日本で赤ん坊のと

(25) 近代言語学を創始したアメリカの言語学者。風変わりな人物としても知られている。

(26) 人間のことばをある程度理解はするが、しゃべれるようにはならない。オウムや九官鳥の類はしゃべるようになるが、これは文字どおり「オウム返し」にしゃべっているに過ぎず、理解しているとは思えない。

きから育てられ、日本語だけに晒されていれば、完璧な日本語を習得するし、100パーセント日本人の血統であろうと、外国でその国のことばで育てられれば、その言語を母国語としてしまう。ジャングルブック(27)のオオカミ少年(28)の話は、もし本当だったとすると、人間には他の動物の言語を習得する能力まで備わっていることになる。

人間は生涯を通じて言語や知識を習得するが、『三つ子の魂百まで』という諺にもあるように、乳幼児期の教育が特に大事であるらしい。幼児が言語習得も含めて、非常な知識欲をもっていることは周知のところ。実際、すべての物事が「目新しい」わけだから、何にでも興味を示し、「これは何」、「なぜ」、「どうして」などという質問をしばしば大人に発する。

昔、「知るは楽しみなり、と申しまして」と冒頭にアナウンサーが言うテレビの番組があった。なるほど、自分の知らない新しいことを教えてもらうと、知識が増えて、いかにも楽しい。しかし、それが既知の事柄で書物などに書いてあるものである場合より、自分が何かの機会に発見した事実であったら、たとえそれが新事実でなくても、そこには楽しみだけでなく、さらに「発見の喜び」が伴う。

本書の最初から、私は、従来型の「暗記型詰め込み教育」の弊害を説いてきた。

(27) 生まれたときからオオカミの中で育った少年の話を書いた、キップリングの小説。

(28) 本当のオオカミ少年が発見されたことがあった。彼は人間とは思えないスピードで走ったと報道されたが、オオカミのことばをしゃべったかどうかは、私は知らない。

二十一世紀にはそのやり方は通用しないだろうし、それでは日本の発展に将来は望めない、と述べてきた。われわれは何も日本の将来のために学習するのではなく、個人個人は自己の才能を伸ばすために勉強したり学習するのだ、という反論もあろう。しかし、各自が本来備えている豊かな個性を伸ばし、自分の特性に応じて好きな道を歩むことが、ひいては日本の、いや、世界の人類の未来に貢献することになる。有為な人材にクソ暗記を強いて、消耗し尽くしているのが、受験勉強を頂点とする現在の教育制度で、それはその個人に対して損害を与えているだけでなく、人類の未来にとっても不幸な出来事であるといえよう。

音楽や体育に才能をもっているものは、彼らに加えられる激しい練習・訓練の「しごき」をそれほど苦痛とは思わないだろう(29)。そこには、それまでの苦労を補って余りある、何物にも代えがたい充実感、すなわち『達成の喜び』があるからである。しかも、そのハードトレイニングに耐えて初めて一人前になれることを、与える側も受ける方もよく知っているのである。受験勉強においても同じようなことが言えるかもしれない。精出して勉強し、合格すればその「喜び」はひとしおであろう。そこにも達成の喜びがある。しかしその結果、今までの反動で、レジャーランド化した学園でアルバイトに精を出す生活を送り、稼いだ小遣いで享楽にふけった

(29) 特に演奏家志望のものはそうだ。同じ芸術でも、絵画となると様子は異なる。

り海外旅行などして青春を謳歌する大学生も多い。それを一概に悪いことだと言うつもりはないが、今までに勉強した成果はどうなってしまうのであろうか。

大学生の英語力が世の英語ブームとは裏腹に、年々急速に落ちている原因もその辺にあるようだ。数学教育をやっている人びとは数学の力が話にならぬほど落ちたと嘆き、その対策を考えている。大学生の理科離れは、それが声高に叫ばれて久しい。日本全体がバブルに浮かれ、就職の心配がなかったことも、大学生が勉強せず、大学がレジャーランド化したひとつの要因であった。近頃の厳しい就職状況で、大学生もいくらか真面目に勉強するようになったが、高校までの「与えられた問題を型にはめて解く」方法にどっぷり浸かっていて、新しいことを考えたり、吸収しようとする意欲に欠けるように見受けられる。いや、欠けるのではなくて、どうしたらよいのかわからないのが現状であろう。

近頃ワープロで文字を書く機会が増えて、誰もが「漢字を忘れた」と言い、「読めるが書けない」という人が非常に多くなった。昔苦労して筆順まで覚えた漢字でさえ、書かなくなれば忘れるのは早い。頭で覚えたのではすぐ忘れるが、身体で覚えれば少々のことでは忘れないと言われる。それでも「漢字」のように、実際に手で書かなくなればいつしか忘れる。所詮、「知識として覚えたもの」は、それを使わなければ忘れることが多い。受験勉強という目的のためだけで覚えた英単語(30)も、試験が終われば、そして、その後あまり使う必要がなければ、忘れ去ってしまうもののひとつである。

もちろん、私は『暗記すること』がすべて『悪で、無駄なことだ』と言っているわけではない。暗記を必要とする分野もあろうし、そのときに覚えなければならないという暗記に適した年齢期もあるだろう。たとえば、歴史の勉強をするとき、年号を暗記しないと、時代区分がよくわからず、理解が深まらないこともあろう。しかも、暗記には、適切な年齢があって、そのとき覚えなければ、後で年齢《とし》をとってからではどうしても頭に入らず、もっともっと苦労することにもなりかねない。字を覚えることが、教養の一部であることは当然で、それをしなかったら、どんな名文に接しても、内容の深い理解どころか、読むことさえできないことになりかねない。それらはすべて、『後で生きてくる暗記(31)』なのである。

それに比べて、入試を突破すべくひたすら丸暗記、クソ暗記を強いる部分が、受験勉強などにはある。理解した上で暗記する必要のあるものを暗記するのは当然だが、入学試験が終わったら忘れてしまうような「丸暗記」ではダメだ。せっかく中学・高校で勉強しても、その成果が後に生かされないで消え去ってしまうのであれ

(30)「漢字」と英単語の「綴り」とはよく似た性格をもっている。私は、単語は手で何回も書くことによって身体で覚えよ、と人に勧めている。手で書かなくても、キーボードで打つ順序を手が覚えれば似たような効果がある。その点は漢字とは違う。

(31) 人間は何かを判断するとき、関連した基礎知識を必要とする。だから、判断力と記憶力とは別々のものではなくone setとして考えねばならないのではなかろうか。いくら、知識はコンピュータのデータベースに入っていればいつでも引き出せるといっても、ある程度は頭の中に入っていなければ、判断を瞬

ば、『壮大な無駄』をしたことになる。

それに反して、自分から何かに疑問をもち、自分自身で調べ、解決した事柄は容易に忘れられるものではない。中学生や高校生が、定められた課程どおり勉強させられるのと、自分から進んで何かに興味をもって探求していくのとでは、その後の一生に対する影響がまったく違う。だから、たとえば理科などでは実験を本当に生徒にさせて、彼らが自分自身で観察し、何かを発見し、考えることが大切なのである。塾では数学も理科も暗記で、そのほうが能率がよいから、学校も入試のために背に腹は代えられず、第1章で述べたように、塾と似たようなことをやりかねない学校さえ存在するようになった。

社会系の教科でも、課題を与えて生徒自身が調べて論文を書くぐらいのことはやらせないといけない。それが多少幼稚な「論文」であっても、自分の考えをまとめるよい訓練になろう。もちろん、単にインターネットで検索して誰かの意見や主張を丸写しさせるような方法で終わるのはもっての外である。自分なりの見解を、要領よく、説得力があるようにまとめる訓練を普段からさせる必要があろう。

また、せっかくパソコンを使わせるのなら、パソコン本来の機能が十分活用されるような発見的学習法が生きてくるような課題を考えるべきであろう。社会科学に

時に行うことができない。コンピュータの言葉で言い直せば、メモリー上に展開してある記憶（一次記憶）とハードディスクに入れてある記憶（二次記憶）とは違うのである。

関するデータはいくらでも転がっていて、表計算ソフトのようなものを用いても自分なりの結論を出すことは可能である。もちろん、科学実験の題材を熟考して与えるのと同じく、課題の与え方や指導のしかたが大切であることは言うまでもない。

第1章に述べた、一見理解が遅いように見えるじっくり型の生徒のみでなく、頭の回転の速いものにもとことん突き詰めて考えさせるように普段から癖をつければ、表面を上滑りするような浅薄な学習や、ただ単なる物知りを作るようなことではなく、『本格的な探求』を自分からするように育てていくことができよう。それには、教科書や参考書を見たり、インターネットで知識データベースにアクセスして『書かれた知識』を疑問も抱かずに「切り取って丸写しする」というようなことだけではなく、迂遠に見えても、いくつもの実例を生のまま与え、疑問をもたせ、そのなかに隠れている真実を自分自身で発見し、自分にそのわけを問いかけ、解答を発見させる、というように教育方針を切り替えなければならない。それこそが私が主張したい『発見的学習』で、そのような『探求心』を植え付ければ、勉強を強制しなくても知識欲にあふれた若者は「自ら進んで」何でも学習し、成長するようになるのである。

第3章6節のカブリのデモのところで述べたことも、円周角が一定であることや、一点から直線に引いた最短距離は垂線の足で与えられることを発見させる含みがあった。この章の4節の例でも静的でない動的な観察で幾何学を学ばせることに主眼があった。また、ちょっと工夫すれば、1節で述べたような因数分解の問題でも、発見的学習をさせることができた。次章で、もっと高度な発見的学習の例をひとつ示すが、どんな学問分野・教科においても、教授者の器量次第・努力次第で、従来の「教え込み」とは違った『自発的学習』に誘導していく「発見的学習」をさせることができよう。

単なる発見だけで終わってしまっては何にもならない。いろいろと発見したことを整理し、体系づけ、法則性を見いだし、確固とした生きた知識・考え方・一般的性質として把握させ、そこから自分なりの結論を出させるということが、教授者に求められる。そこからまた新たなる探求が開始されるからである。そうなると、教授者たるもの、ボヤボヤしてはいられない。自分自身が徹底して普段から物事を突き詰めて考え、広い知識をもち、本格的な理解を学習者に促す力量が要求される。

幸いにも、わが国の十八歳人口は一九九二年度に205万人でピークを迎えたが、一九九六年度は173万人、二〇〇〇年度151万人、そして、二〇〇四年度には141万人になって、ブランドさえ選ばなければ誰でもどこかの大学に入学できる時代を迎える。これは必ずしも、激しい受験勉強をする必要がなくなる、ということを意味するものではないが、「幸いにも」と書いたのは、少なくとも受験競争が緩和されることが期待されるからで、中学・高校で『まともな』教育を行うことに対する抵抗が今よりはるかに減って、良心的な先生方が『満足のいく』方法で、生徒に学習させられるようになるだろうと期待するからである。今こそ、『発見的学習・探求的学習』で『本格的な理解』を深める教育を行うべき、絶好の機会ではなかろうか。

7　教材開発ネットワーク

教材の選択の重要性は、何も「発見的学習」のみに限られたものではないが、「テーマの魅力が探求の原動力」となり、「学習者がひとりでじっくりと考える時間をもつこと」が何より大切となる発見的学習においては、特に重要となる。次章に述べる「公開実験」を準備する段階においても、問題の選定が最も苦慮した点であった。何人かの先生方に教材作成に協力をお願いして、創意に満ちたおもしろい問題をいくつもいただいたが、「じっくりと取り組むことで次第に全貌が明らかになっていく」もので「単純明快な導入部をもちながら、探求が進むにつれて本格的な数学に奥深く入り込んでいく」ような問題を選びたいと考えた。しかもその際、「ある特定の（特にあるひとつの）事柄に気がつけば問題が最終的な形で完全に解けてしまい、それがすべて」といったタイプのものは意図的に避けるようにした。数学的な直観を養うという点から言えば、もっと容易な問題で、数学的『ひらめき』を見るようなものも、場合によっては必要であろう。しかし、セビリアからの世界に向けて行ったこの『公開実験』は、学習者に一日という時間をかけてじっくり考えさせるものであったため、それにふさわしい問題を選んだのである。今後はいろいろなタイプや難易度の教材を取りそろえることで、全体の体系を完成すべきであると考えている。

もちろん、「発見的学習」は何もパソコンやネットワークがなくても、昔から教育熱心な先生方が「生徒を何とかして育てよう」として「詰め込み教育」でない『真の教育』を目指してやってこられたことであった。たとえば、花や昆虫といった生物の観察から始まり、生物実験を行って生徒に何か新しいことを見つけさせようとしたり、モーターの製作によって物理の理論を体得させたり、現実社会からの実例やデータから社会科学を学習させたり、それぞれに工夫をされたことであろう。

しかし、ひとりでできることには限界がある。従来はそういう情報の交換は限られた範囲でしか行えず、年に一回か二回の教育関係の学会などで広範囲の情報交換が行われる程度であった。このインターネット時代に、ひとりだけ、または、同一勤務校の先生方だけといった、小範囲の人びとだけで教材作成に取り組むより、「情報交換の場」をネットワーク上に設け、共同で教材を開発したり、また、教材作成者や学習者たちの探求の成果がさまざまな検索方法でアクセスできる形でデータベース化することが望ましい。学習者に対してどのようにして「適切な助言」を与え、また、学習者間の協調関係を教室やネット上でどう実現していくかを考えることも重要な課題である。いろいろ方法はあるだろうが、私としては当面具体的には次のようなやり方を提案したい。

一番手っ取り早いのは、メーリングリストを作ることであろう。それだけでも、ある程度の討議はできる。そこへホームページを併用することも考えられる。討議参加者が、同じホームページを見ていて、そこに書かれている教材案についてメールで議論すればよい。添付ファイル[32]を上手に使うという手もある。第2章の2節で述べた、学生・生徒の学習用にと提案したメーリングリストや電子掲示板を用いる

(32) 教科によって、どの形式の添付ファイルを使うのか決めておくのがよいかもしれない。たとえば、ワードとエクセルとか、マセマティカのノートブック、ないしはTeX形式のファイルとか。もちろん混在も可能である。

のと同様のシステムを考えていただきたい。第3章の4節ではそれを遠隔教育用のバーチャル・クラスルームの構築に応用すればよいと述べたが、教材作成用にもこの考え方がまったく同様に応用できる。

具体的に言うと、各先生ないしは教材作成者は、自分の本拠たるべきところ（たとえば、自分の勤務している学校とか、事務所とか、あるいは自宅など）にいて、パソコンの画面に向き合っている。各自のパソコンには必要なソフトはインストールされているようにする。数学なら、たとえばマセマティカとかメイプルなど、地理学ならば日本地図・世界地図その他、語学の場合は辞書や用例とか必要な文学作品など、歴史なら、歴史地図、年表、その他いろいろと「発見的学習に役立つソフト」があろう。また、全員の画面に共通に映し出される「討議用黒板」または「討議用シート」のごとき、いわゆる、BBSを設け、それが各自の画面に現れるようにする。教材作成の討議は、あまり多人数でやっても意味がないから、各回せいぜい十人程度になろう。

各自がそれらを駆使しながら、共同作業で案を練っていくのである。見るべきホームページないしは添付ファイルは、最初は各自に作った物を全員が見るという形をとってもよいが、中心人物ないしは事務局を務めるような人が、前回の討議の結果を踏まえて、素案を作り、それをホームページや電子掲示板、ないしは、討議用電子シートなどの形に仕上げたものを皆が見ながらメールで討議し、次回のための討議資料を作り上げていけばよいのである。

これは、本当に一堂に会して会議を開き、各自がそこへ持ち寄った素案を全員にコピーを配って、それらをもとに、共同で教材案を作っていくのと同じことを、インターネットを使って非同時的にやるだけのことである。教材作成だけでなく、課題の出し方や、学習者が効率よく共同学習できる具体的方法、たとえば、ネット上での学習者間の討議の場の構築法や運用法などもそこで議論したり、情報交換したりできよう。(33)

一言でいえば、電子掲示板をもった電子会議室（バーチャル・ミーティンググループ）を作り、そこで議論を重ねてよい教材を作成すればよいということである。同時的な共同作業としてこれを考えられなくはないが、メールは瞬時に届くようでも少しは時間がかかるから、本当に同時的にやることはこの形では無理であろう。

事情が許せば、同時的な作業をやることもできる。全員の画面に共通に映し出される討議用電子掲示板と同時に、画面に各人の表情と動きがわかる上半身の映像ぐらいが現れ、各人の発言がリアルタイムに他の人に伝わるようにする。(34) 一室に会し

(33) たとえば、学習者どうしで自由に討議できる「場」を、どうやってネット上に設けるかという問題が重要であることは前にも言及した。教授者と学習者のあいだのインタラクションより学習者間のインタラクションのほうが重要である場合が多いことは第3章4節でも触れた。

(34) そのようなソフトも古くから存在する。たとえば、CUSeeMe や NetMeeting など。

て討議しているのと同等のことをバーチャルにやろうというわけである。十人の上半身が画面に同時に現れる必要はない。今発言している人の像が現れ、別の人が発言を始めたらその人の像が現れる方式の方が、画面が小さいからよいかもしれない。同じ仲間内で、知り合いのあいだでやる会議なら、人の映像はなくて音声だけでもよいだろう。音声と連動してテキストデータが切り替わっていくようなソフトもたくさん出ている。(35) これらを工夫して使うことも可能だ。

勤務の関係などでその時間には参加できない場合も生じるから、その討議の様子を後で再現できるようにしておくことも必要であろう。そのようにしてバーチャルに一堂に会した開発グループが熱心に討議を重ね、意義ある『発見的学習教材』を作り出す。そしてそれらの結果をデータベース化して残すことも可能である。このようにして開発された教材は、学校教育のなかでも、遠隔教育用としても活用され得る。

そのようなシステムを導入すれば、同じ指向をもつ全国の教育関係者が、毎日とは言わないまでも、毎週でもバーチャル・ミーティングルームでリアルタイムに討議を重ねることができる。しかも、リアルタイムでない討議はメール交換その他の手段で、毎日でも行えるのである。(36) そういう意味では、先に書いたMathEdu(37)を通

(35) いろいろなソフトが存在するが、MPEG4あたりで標準化されるという予想がある。しかし、また新しいソフトが現れるだろう。商業目的ではないから、そんなに新しいものを目の色変えて追いかける必要はない。要は、中身の濃い適切な教材が共同でいかにして作れるかということである。

(36) もちろん、ネットワーク上だけでなく、年に何回かは実際に顔を合わせて、討議したり懇談・懇親することが望ましい。

(37) 第2章4節に詳しく述べた。

して先生方が現在意見交換したり疑問点をぶっつけあっている状態をさらに進める形で、よい教材を共同で開発することが可能だ。以上のようなことは現在の技術で十分実現可能なことで、そのための道具立てはすべて揃っていると言えよう。

ただ、次のことには注意しておきたい。たしかに、コンピュータのお陰で、今までできなかったようなことが教材に取り込み可能になった(38)。人間が手作業でやっていたのではとても実行不可能な複雑なプロセスを、コンピュータはいとも容易に行ってくれるからである。だが、リアルとバーチャルは根本的に違う。たとえば、手触り、硬さ、滑らかさ、冷たさといったような感触は、バーチャルには表現しがたい。早い話が「香りや臭《にお》い、味」なども、ネットワークで伝えることなどは今後当分できそうもない(39)。これらのことは、パソコンを主役にした『発見的学習』の『限界』を示すもので、教材作成に当たっても十分な配慮が必要であろう。

(38)『因数分解』の例だけでなく、たとえば、入道雲の成長、木の枝の張り具合、海岸線の形状などから、自己相似とかフラクタルという概念を見つけさせ、マンデルブロー図形をパソコンの画面に描き出して、生徒に示すこともできる。

(39) それらは研究されているが、完成する見込みは当分ありそうもない。

第5章 世界に向けて行った実験

一九九六年七月、スペインのセビリアで、世界の数学教育界における最大規模の国際会議が開かれ、世界中から4、000人以上が参加した。それは第八回国際数学教育会議(1)であった。私はそのなかのセッション『TG4(2) 数学の遠隔教育』のチーフオーガナイザーを務めることを依頼されたので、その機会に、世界に向けて、ある『公開実験』を行った。それは『遠隔教育はどうあるべきか』という問いに対して、『発見的学習』が遠隔教育としても十分に行えることを示そうという目的をもっていた。それが予想以上の成績を収めたので、遠隔教育のみならず、それを「パソコンとネットワーク時代における教育の未来形」を占うひとつの先進事例(3)としてここに提示する。

(1) ICME8＝8th International Congress of Mathematical Education 次回は西暦二〇〇〇年に日本(千葉)で開催される。

(2) TG4＝Topic Group 4

(3) ここでの記述は数学の「遠隔教育」という立場で書くが、前章の最後の節でも書いたとおり、これは遠隔教育でなくて

1　セビリアからの公開実験

この公開実験は事前に協力を要請した世界各地のサテライト・サイトと結んで行うという形で実施した。セッションのために割り当てられた会議中の二日間の日程を活用したこの『実験』は、会議参加者のあいだに大きな反響を呼び、インターネット活用の技術的な面も含めて、十分な成功を収めたといえる。この実験によって、われわれが提唱する新方式[4]の遠隔教育システムの設計思想が現在の技術水準からすると最も有効なものであることが実証されたと考えられる。この新しいタイプの『遠隔教育』方式は、数式処理システムを用いた『発見的学習』という視点を打ち出すことで「空間的、あるいは時間的に隔たっているという物理的な制約」を「真の意味で納得のいくまで時間をかけて考え抜くことを可能とする教育環境」に昇華させていくというものであって、いろいろな点で非常に優れていると私が密かに自負している方式なのである。

公開実験で実際に使われた教材についてはこの章の3節に詳述するが、数学教育も、教室におけるふつうの授業でも、発見的学習システムの典型として、まったく同じように行えるものである。また、何も数学に限らずどの教科においても、今後、発見的学習に最も有効な「遠隔教育システム」または「教室におけるパソコン利用教育システム」としてこの方法が大いに参考になるであろう。

(4)　第3章7節に述べたように、教授者、受講者両端に同じ学習ソフトを入れ、メッセージの交換はテキストファイル（文字情報）だけにするという方式。ネットワークの混雑という問題を考えると、将来もこれが最良の方法であろう。

の題材のなかから慎重に選択して因数分解の問題を三題とりあげ出題した。それらは手計算でやるより、数式処理ソフトを用いてコンピュータで計算させ、得られた大量の結果を眺めて、そのなかから法則性を発見して、なぜそうなるのか考えさせるという『発見的学習』という方針に添った問題である。三題の問題のうち、問題1は準備、すなわちウォーミングアップのための問題であり、問題2が以前にも取り上げたx^4+nの因数分解(5)、そして、問題3としてはもっと高度な発見的な内容を盛り込んだものを出題した。

これに対して、世界中のいくつかのサイトから合計六十四通の解答が寄せられたが、そのなかに、日本のあるサイトの生徒から寄せられた「すばらしい発見の喜びに満ちた」解答があり、それは今回の『発見的学習』においてわれわれが「想定した」あるいは「予想した」目標到達点をはるかに越える優れた洞察を含み、まぎれもなく実験成功の最良の部分をなすものであった。少し長くなるが、この公開実験の様子を、出題した問題、会場の反応などを含め、詳細にわたって述べてみたい。

(5) 第4章1節「コンピュータを使った実験」参照。

2　公開実験はどのように行われたか

第八回国際数学教育会議は一週間にわたって開かれ、わが国からも多くの数学教育者が参加した。スペインと日本のあいだには八時間の時差があり、また、スペインとアメリカとのあいだにも、オーストラリアとのあいだにもそれぞれ大きな時差がある。したがって、時差のない地域、すなわち、ヨーロッパ諸国やアフリカ地域に対してならば、人工衛星中継によるテレビ番組式などの『同時性』(6)をもった遠隔教育実験を行うことは可能だが、それ以外の地域に対しては同時性をもった遠隔教育実験は望めない。そこで、それを逆手に使って、『非同時性』を有効に活用する遠隔教育手段を編み出すことにした。しかも、発見的学習を極度に押し進めようというのである。

遠隔教育部会の会議日程は七月十九日、二十日と二日間にわたっていた。このことをうまく活用して、あらかじめ参加協力を要請しておいた世界各地のサテライト・サイト(7)に向けて、インターネット、特に電子メールを利用して、十九日に数学

(6) 実際、フランスのカブリ幾何学チームは、同時的なデモンストレーションをやることを希望したが、彼らの要求したISDN電話回線がスペイン側では用意できなくて、断念した。

(7) 各サイトには、「責任者」として、中学、高校、大学などの先生に待機していただき、それらのサイトにはあらかじめマセマティカをウルフラム社の好意で送っておいた。もっとも、普段メイプルを使っているサイトからは、それでやって構わないかという問い合わせがあり、責任者の先生にコマンドをメイプル用に書き直して生徒に与えていただいた。

の問題を発送し、その問題を各サイトで待機している中学および高等学校の何人かの生徒が解き、得られた解答を二十日の会議の開始までに間に合うように送り返してもらう、というプロジェクトを考えたのである。このように計画すれば、スペインのセビリアから現地の十九日朝発送された問題は、日本にもアメリカにも夜のあいだに到着し、翌朝そのメールを開いて、解答を考えている頃はスペインは夜ということになる。夕方、解答をスペインに向けて発送すれば、ほとんど瞬時に届くから、二十日の朝には世界各地から来たそれらの解答がセビリアで開いてみられる。こうすれば、非同時といっても、わずか二日で問題発送、解答授受ということが行われるわけで、しかも、学習者のほうは「自分の好きなだけ」時間をかけて解答を考えることができる。すなわち、時差があっても差し支えない。というより、むしろ「時差を有効に利用する」[8]ようにしたのである。これは、世界規模のコンピュータネットワークの時代における遠隔教育システム構築に際して欠かせない重要なポイントであって、人工衛星中継による同時性をもった遠隔教育などではとうてい望めない点である。

はじめはそのような形態で行う予定で、その前に何回か予備実験を行うつもりであった。しかし実際には、七月十九日は日本の中学、高校では期末試験期間であり、

（8）話は少し違うが、時差という点から言えば、インターネット上にあげてあるヨーロッパの主要新聞を読む場合、時差の関係で、ヨーロッパにいる人々より日本にいる方が早く読める場合さえある。アメリカにいて日本の新聞を読む場合も同様であろう。

また、オーストラリアのサイトにも事情があって[9]、その日に固執することは許されず、問題は実施の一週間前ぐらいに各サイトの責任者にメールで送った。また、当時私の研究室にあったウェブサーバ[10]にもホームページとして掲げ、世界中の誰でも見られるようにした。

『問題』は、前述のように、多項式の因数分解に関するもの三題を、英語と日本語の両版で用意して出題し、日本からの解答は「一応英語でも送ってください」とお願いした。何しろ、セビリアに行く以前には、こちらから持っていくノートパソコンがネットワークにつないでもらえるのかどうかはっきりせず、もし向こうのコンピュータで仕事をせねばならないのであれば、日本語は文字化けして読めないおそれがあったからである。

実はその前年準備のためにオーストラリアに行ったとき、向こうのコンピュータを使ったのでは日本語が文字化けするので、やむを得ずリモートログインで日本のコンピュータを動かそうとした。ところがスピードがあまりにも遅すぎ、それが事実上不可能であることを経験していたので[11]、またそうなることを恐れたからである。そのときつくづくと、たった26文字で何でも表現できる英語という言語の威力を改めて思い知らされたが[12]、今回は、セビリアの方でも努力してくれたお蔭で、われわ

(9) 西オーストラリアのパースにあるカーテン大学のサイトを運営してくれたシンプソン教授からは、この種のプロジェクトの問題としては非常によく考案されたものと思う、というコメントがメールで送られてきた。

(10) このサーバはすでに閉じた。

(11) このことについては第2章1節のなかの脚注でも触れたが、これが「われわれの設計思想」を生んだ直接の動機であった。リモートログインということは「できる」はずで、実際「できなくはない」が、接続の情報転送速度、安定性など、現在のインターネットではお話にならない。

れの持っていったノートパソコンで日本語でのやりとりが自由にできた。これは技術的には当然可能なことであるが、実際には当然のことが必ずしもそうはならないことが時として起こる。

発送した三題の問題は、前述したように、また、次節に詳細に示すとおり、いずれも『発見的学習』の方針に添うもので、各サイトで数式処理システムを駆使しながらじっくり解き、その成果を報告してもらった。(13)

ちょっとしたエピソードをここで紹介しておこう。各サイトに待機してもらうようにお願いした生徒の年齢や学年は一定していなかった。高校生もいれば、中学生もいるという具合であった。実は大学生も混じっていたのである。

あらかじめ各サイトを担当してくださる先生に電子メールで問題を送った際、あるサイトを担当していただいた中学校の先生から、前に書いたMathEduというメーリングシステムを通じて「この問題は中学生には無理ではないか」というメールを受けとった。私が「いや、中学生でも十分できますよ」と返事しようとしたとき、別のサイトの先生が、同じメーリングリストを通じて、「いや、これは中学生でも十分できる問題ではありませんか。そんなことを言わずにやってみたら」というコメントが先ほどの先生にメーリングシステムを通じて送られ、「そうですね。

将来もネットの混雑の問題は残るから、同様であろう。

(12) 英語でやるなら、世界中どこのコンピュータを使っても文字化けの心配など起こらない。

(13) 日本では北は旭川から南は熊本までのたくさんの先生方にご協力をいただいた。また、WRI社にはソフトウエアを無料で貸与してもらった。スペイン側からは会議のあいだだけの一時的な電子メールアドレスをもらい、インターネットへのアクセス等で便宜を図ってもらった。それらの先生方およびWRI(Wolfram Research Institute)社に、紙面を借りてここでお礼を申し述べたいと思います。

それではやってみましょう」ということになった経緯がある。このような共同作業が空間を越えて行われたのも、インターネットならではのことであろう。

さて、七月二十日になると、セビリアには各地から続々とメールが寄せられてきた。当日の朝、われわれは会場に着くや、送られてきたメールを見て、いくつかの類似の解答をまとめるという作業[14]をし、報告は私が会場前方のスクリーンを使って行った。第4章の2節で示した奥田君の「マンガで書かれたレポート」もこのとき会場で披露したが、それが出席者の笑いを誘うと共に関心を呼び、出席者一同この公開実験を非常に興味深く見守った。この国際会議の主催者の一人であるカタルニア遠隔大学の副学長アルシナ教授は、遠隔教育部会に二日間とも出席し、熱心に討議に参加したが、わざわざ私に賛辞を述べてくれ、また、世界各地から参加していたその他の数学教育者も熱心な拍手を送ってくれたことを付記したい。

(14) その作業や発表のときの手助けは、甲南大学松本茂樹助教授が行ってくれた。以下に述べる問題の選定など彼に負うところが非常に大きい。

3 出題した問題

「公開実験」で用いた「問題」は以下の三題である。

［問題1］

x^2-1 は $x^2-1=(x-1)(x+1)$ と因数分解できますね。x^2-2 は、無理数を係数にもつ二つの一次式の積になら因数分解できますが、係数を整数の範囲に限れば、因数分解できません。x^2-3 についても同様です。実際、マセマティカを使ってそのことを確かめてごらんなさい。

ところが、x^2-4 に対しては

$$x^2-4=(x-2)(x+2)$$

となって、この場合は整数を係数とする一次式の積に因数分解できます。実際、マセマティカを使ってこれを確かめてください。

次に、x^4-1 は、$x^2=Y$ とおくと

$$\begin{aligned} x^4-1 &= Y^2-1 \\ &= (Y-1)(Y+1) \\ &= (x^2-1)(x^2+1) \\ &= (x-1)(x+1)(x^2+1) \end{aligned}$$

と因数分解できます。この場合も

$$x^4-2$$

および

$$x^4-3$$

は整数係数の多項式の範囲ではうまく因数分解できません。マセマティカを使って確かめてご覧なさい。

ところがこの場合にも、x^4-4 は

$$x^4-4=(x^2-2)(x^2+2)$$

と因数分解できます。(ただし、この場合は、一次式にまで分解することはできません。)

そこで、$x^4-n(n=1, 2, 3, \ldots)$ が、整数を係数とする多項式の積に因数分解されるような n をマセマティカを使って求めてみましょう。たとえば、$n=20$ ぐらいまでこれをやってみましょう。

皆さんは、20までだけでなく、上記の20のところを、100，200などと変えて結果を見てください。そして、nがどんな値のときx^4-nが二つの二次式の積に分解され、nがどんな値のとき二つの一次式と一つの二次式の積に分解されるか、答えてください。

[問題2]

(i)　x^2+n ($n=1, 2, 3, \ldots$) が(複素数を用いない限り、実数の範囲では) 因数分解されないことは知っていますか。

x^2+nが、実数を係数とする一次式の積に因数分解されないという事実は知っていたとしても、なぜなのか理由を考えたことがありますか。

x^2+nが、実数を係数とする二つの一次式の積に因数分解されたと仮定すると矛盾が生じることを証明してください。

(ii)　それでは、x^4+nではどうなるでしょうか。$n=1, 2, 3, 4$として、マセマティカを用いて因数分解させてみましょう。そうすると、意外な結果がでますね。

$$x^4+n \qquad (n=1,\ 2,\ 3,\ \ldots)$$

は、$n=4$のときは、整数を係数とする二つの二次式の積に因数分解されることがわかりました。さて、$n=4$のときにだけこのような因数分解が可能なのでしょうか。4以外のnの値に対してもx^4+nが因数分解されるということがあるのでしょうか。

問題1でやったと同様に、今度もマセマティカを使って調べてごらんなさい。せっかくコンピュータを使うのですから、大きなnの値（たとえば3000とか6000）まで試してみることができるはずです。

どんなnに対して、x^4+nが整数を係数とする多項式の積に因数分解されるかを調べ、そのnを一般形で表してごらんなさい。また、なぜその場合には因数分解できるのかも考えてみましょう。入力する式を少し工夫すると、見通しがぐっと良くなるはずです。

［問題3］

$n=1,\ 2,\ 3,\ \ldots$ に対するx^n-1の因数分解を、マセマティカを用いて計算し、その結果を眺めてみましょう。

整数nと、x^n-1の因数分解のあいだにどのような関係が見いだせるでしょうか？

まず、nのどの値に対してもx^n-1の因数分解には（$x-1$）という因数が現れることがわかりますね。（その理由を説明することができますか？）また、もう少し注意して眺めてみると、nが偶数かつそのときに限って（$x+1$）という因数があることにも気がつくと思います。（それは、どうしてでしょう？）因数分解の式の特徴をさらに注意深く観察してみると、もっともっと多くのことが発見できるはずです。

なぜそうなるかの説明は難しいかもしれないけれど、「きっとこうなっているに違いない」というような『法則性』をなるべく多く見いだして報告してください。[15]

もしなぜそうなるかの説明までできれば、それに越したことはありません。予想のうち、成り立ちそうなものは証明を考え、ひょっとしたら成り立たないのではないかと思うものについては、予想した法則性が、本当に正しいかどうか、nをどんどん大きく（たとえば、$n=300$とか$n=500$とかまで）して

（15）私のホームページURL http://ha4.seikyou.ne.jp/home/murakami の「ようこそ、村上村へ」にこの因数分解の計算結果を載せる。興味のある読者は、そこを開いて、自分がどれぐらい『法則性』を発見できるか、試みてみられたい。

いって、マセマティカを使って成り立たない例を発見してごらんなさい。

4　世界からの解答

すでに述べたように、全世界から六十四通の回答が寄せられた。もちろんそれらは玉石混淆であったが、すべて生徒たちが真剣に与えられた未知の問題に取り組んでいる有様がメールからも感じられ、読んでいて興味深かった。

［問題1］は、「数式処理システム」における「反復計算」の方法の理解と、その後に控えているより高度な「問題」に対する「ウォーミングアップ」の意味合いを兼ねたものであり、平易な問題であると思われたが、実際の「解答」を見てみると、特に［問題1］の最終部分の設問に対する答えがいかにもぎごちなく、「わかっている」とは思われるが、表現すべき内容を正確に記述できていない解答」が目立った。

［問題2］の（.i）の x^2+n（n=1, 2, 3, ...）が実数の範囲では因数分解され

ないことの証明に、「判別式の値が負であること」を示している解答が数多くみられた。「実根をもたない→判別式を計算して根の虚実を判別」というのは、受験勉強の常道であろうが、ここで問題にしているのは、もっと根元的な別のことである。

また、「因数分解されたと仮定」して「解と係数の関係」を導き出し変形して矛盾を出そうとする「解答」も多く見受けられた。そのような「解答」に、「問題の意味をよく考える」というよりも「どうにかして手持ちの『解法パターン』に（強引にでも）持ち込もう」と躍起になっている姿が見える。自分のしていることの内容を本当に理解しているのだろうかという疑問もわき、現在の「受験のためのパターン認識的暗記教育」の弊害を目の当たりにした感がした。これは日本以外の国からきた解答のなかでも見られた現象であった。

[問題2]（ii）の因数分解可能なnの値、

$n=4$, 64, 324, 1024, 2500, 5184, 9604, 16384, 26244, 40000, 58564, 82944, ……

の列の「1の位」に注目すると、

4, 4, 4, 4, 0, 4, 4, 4, 4, 0, 4, 4, 4, 4, 0, 4, 4, ….

という周期性があることを指摘した答案があった。このことは（素数5に対する）フェルマーの小定理に関連する初等整数論的な事実であるが、このような『発見』を大切に育み、数論の世界に目を向けさせることも、ときには有効であろう。

［問題2］の（ii）の「x^4+n が因数分解可能な n」については、$n=4$, 64, 324, 1024, 2500, 5184, … なる数列をどう扱うかにいくつかのバリエーションがあっておもしろい。

4の倍数の列とみて、4で割ることによってえられる数列が4乗数であることを見抜いたもの、平方数の列とみて、平方根の列の階差数列を調べたもの、これらの n の値に対する x^4+n の因数分解の式を並べてみて、因数のなかの（x の）係数に注目するもの、また、「直感的に」$n=4m^4$（$m=1$, 2, 3, 4, …）という結論だけが書かれているものなど、いろいろの種類があった。

［問題3］は本書ではここで初めて述べる問題であるが、これは今までの問題と

違って、なかなか含蓄深いものである。これに関しては、ほんの簡単なこと、すなわち、$(x-1)$ がいつでも因数になっていることだけしか発見できなかったサイトや、n が素数のときには

$$(-1+x)(1+x+x^2+x^3+\cdots+x^{n-1})$$

となること[16]だけを発見して、それを大事そうに報告してくるサイトもあったが、この事実はもちろんほとんどのサイトの生徒たちが発見したものであった。

n が素数の冪《べき》、(特に、n が2の冪)の場合の x^n-1 の因数分解の特徴についても多くの学生たちが指摘してきたが、これを皮切りに、整数 n の素因数分解と多項式の因数分解のあいだに『密接な』関係があることを看破してしまったものがあった。この『関係』をどこまで深く掘り下げているかはまちまちだが、オーストラリアのサイトを始めとして数箇所から、「n の約数の個数が、x^n-1 の因数分解の因数の数に一致」することが報告された。また、問題文中に n の奇偶についての注意があるからかもしれないが、「n が特定の数 m を約数にもつときには、多項式 x^n-1 の因数分解のほうにも特定の因数が現れる」ことを指摘する解答もあった。

(16) マセマティカでは $(-1+x)$ と出力される。

これらの解答は、数式処理システムによって、彼らが今までに学校で習った数学とはひと味違う『数学の素顔』を垣間見て喜んでいる様子を彷彿とさせるものであったが、そのなかに出色のものを見いだしたのでそれについて述べよう。

それは、日本のあるサイトから連名で送られてきた一通の解答（の一部分）であったが、われわれが期待した以上の内容を含んでいた。文中の冗長な数式を割愛した以外は原文のままで、それを以下に引用する。

「($n=12$ の場合には、x^n-1 の因数分解の各因数の）係数は、-1 と 1 であることが特徴です。しかし、トンデモナイものがありました。$n=105$ のとき、x^n-1 の因数分解の最高次の因数（48次の多項式）に1以外の係数が現れました（x の7乗および41乗の係数が -2 となり、それ以外の係数はいずれも1または -1)。

105は3、5、7の積ですから、すべて素数の組み合わせ[17]になっていると思いますが、このほかの場合は、n が非常に大きくなるので、私たちのコンピュータではちょっと苦しいです。$n=165$ のときにはもっと2がでてきました。どうして、2が係数としてでるのか？　2以外もでるのかは、わかりませ

(17) 各素数の重複度が1という意か？

んが、不思議です。」

彼らが105という三つの素数3、5、7の積にどのようにしてたどり着いたかは明記されていないが、マセマティカが書き出す数式をじっくりと眺め、「係数としては±1のみが現れるらしい」という『不思議』を発見し、その真偽を確かめるために、マセマティカという乗り物に乗って数理の森の奥深くに分け入っていく。そこで、彼らは、「係数は±1のみ」という予想をあっさり覆してしまう「トンデモナイもの」に出会う。

［問題3］の後半部で述べているのはまさに「このこと」を探ってもらいたいがための出題者苦心の饒舌だったわけだが、かくも見事に、「観察」→「熟考」→「予想」→「探求」→「発見」という「発見的学習」の醍醐味を味わったであろう彼らには、出題者自らが羨望を覚えるほどであった。

実は、nが大きくない間は現れる係数は±1であること、nが大きくなると必ずしもそうでなくなることは、出題者側は当然知っていて、この問題を選んだのであるが、それが起こるnの最小値が$n=105$であることは見逃していた。しかも、$105=3\times5\times7$であるという事実には注意していなかったのである。

背に負った子に教えられるように、出題者自身も帰国後いろいろな場合を確認してみた。その結果

事実1　$n=231=3\times7\times11$ の場合は、係数は $-1, 0, 1$ しか現れない。

事実2　$n=3\times5\times7\times11$ の場合は、$-3, -2, -1, 0, 1, 2, 3$ が最高次の因数の係数として現れる。

事実3　$n=3\times5\times7\times11\times13$ の場合は、-22 から 23 までの整数がすべて最高次の因数の係数として現れる。

事実4　$n=3\times5\times7\times11\times13\times17$ の場合に、最高次の因数の係数として現れる整数を昇順に列挙すると次のようになる。

{−532　−514　−499　−496　−486　−476　−473　−468　−462　−461
−460　−450　−448　−445　−444　−443　−440　−438　−437　−435
−434……−427　−425　−422　−421　−420　−418……−414　−411……
−394　−393　−392　−391　−390　−389　−388　−387　386　−385　−384
−383　−382　−381　−380　−378……389　391　394　395　396　397　398
401……408　412　416　419　420　423　425　426　427　429　430　435　438　441

445 449 458 463 500｝ただし、「……」の部分には、その両側の整数のあいだにある全整数が入る。

というような事実が「発見」されたのである。その他にもいくつかあったが、ここでは詳しくは述べない。

前に第4章の3節で、大学生にもこの問題を試しにやらせてみた、ということを書いたが、彼らのうち、数学志望の学生男女三人が一緒に考えたものを電子メールで『共同レポート』という形式で送ってきた。彼らは、$n=3\times5\times7$の場合までは独力で考えたのだが、なぜ「1±でない係数が現れる」という現象が起こるのか、わからない。それで私に「なぜですか」と質問する。「私にもそれはわからないのだよ。現在、この因数分解でどんな新事実が現れるか、それは第一線の数学者にとってさえ興味ある問題なのだ」という私の答えを聞いて、彼らは「ハッとした」ようであった。学校で先生が質問する問題には、必ず答えがあって、正解を出して満点を取るか、間違えて減点されるかだけなのだ、と今まで思い込んでいたことに気づいたのであろう。これも彼らにとって、新鮮な、しかし小さくない驚きであったようである。

ちょっとした注意であるが、気になったことがあった。それは、［問題3］の設問の一部として問いかけられている「$(x-1)$ という因数が現れる（また、n が遇数のときには $(x+1)$ という因数が現れる）ことの理由」については、解答者のほとんどが『因数定理』を用いた証明を書いているのに、寄せられた解答のなかには、「$y=x^n-1$ のグラフを描くと、点 $(1,0)$ を通るので、$(x-1)$ を必ず因数にもつ」と主張しているものがあったことである。実際に、マセマティカを使って $y=x^n-1$ のグラフを描かせ、点 $(1,0)$ を通るように見えることで、「よって証明された」と考えているらしいのだが、それでは数学的に「発見」したように見えても「証明」して「正しい事柄」と主張する根拠にはならない。しかも、グラフは特定の有限個の n についてしか表示できず、グラフが「点 $(1,0)$ を通る」というのも、「ディスプレイ画面上でいかにもそのように見える」ということにすぎない。「数式処理システム」のような『思考支援道具』によって得られる『不完全な』情報と、『厳密な意味での証明』とは教育のある段階で峻別を余儀なくされる。何本かの曲線が点 $(1,0)$ を通るように見えることをディスプレイ画面の上でチェックしただけで、証明ができたものと思い込んでしまうというのであれば、これは（初等・中等教育における教育支援情報機器・ソフトの導入に対する）見過ごしがたい落とし穴である。

だから『数式処理システム』が数学教育に必ずしも『楽園』をもたらすものでないということに十分留意しておかなければならず、そこに『先生の出番』があるのである。「成り立ちそうなこと」を発見するだけで「真理だ」と言ってしまうならば、先ほどの「係数は±1だけ」という結論も「正しい」ことになってしまいかねない。これは注意すべき点であろう。

しかし、本当に気になったのは、われわれが出題したような、真に『発見的学習』の模範になるような教材や問題が、次から次へと考えられるであろうかということであった。いくつかの決まり切ったパターンしか考えられなかったら、それらがまた「定型化」してしまい、発見的学習の意義が失われることにもなりかねない。よい教材作成は、教育における非常に重要な部分を占める。前章の最後に述べた「教材開発ネットワーク」を組むというような努力をして、今後とも皆が力を合わせて「よい教材の開発」に取り組むべきであろう。

第6章　未来の社会・未来の教育

これからは高度情報化時代だといわれているが、いったい世の中はどういうふうに変わっていくだろうか。農耕文明の後に、産業文明・機械文明の時代が訪れたが、次は情報文明だと言われている。いったい、その先はどうなるのだろうか。

商取引が電子化され、電子マネーの流通が通貨不安を起こさないか。ポルノや麻薬取引、爆弾製造法の情報が簡単に伝わり、社会不安を起こすおそれがすでに現実になりつつある。情報ハイウェイでは、それがもっと加速されないか。一方、世界中からアクセスできる電子図書館という知識の宝庫も構築されよう。

医療・福祉に関してはどうか。遠隔医療の恩恵を受けるのは誰だろう。環境問題、マスコミや出版界に与える影響、流通問題、交通問題など、問題は至るところにあるが、本書の主題である『教育』も、大きな変化を受け、今のままの学校教育が生き残るかどうかさえ、明らかではない。政治に対する影響も大きく、国家という概念自身も、来るべき情報化時代には変わらざるを得ないであろう。

これらは、近い「将来」のことだが、遠い「未来」を思いやると、今想像もつかないことが現実となる可能性も否定できない。二十一世紀の百年間に、人類は、地球は、どうなるか、想像を逞しくしてみたい。

1　社会はどう変化するだろうか——学生たちの予想と空想

私は常日頃学生たちに、「予想と空想について記せ」という題を出し、自由に彼らの思うことを書かせている。具体的には、次のような問いかけをするのである。

「これからは情報化時代だと言われているが、次の（1）〜（3）について、諸君の考えを要領よく記述してほしい。

（1）　これから先五年後、十年後、十五年後には諸君はいかなる情報環境のもとで暮らすようになっているだろうか。たとえば、今から五年前にはインターネットは今のように普及の兆しは見せていなかったし、せいぜいパソコンが安くなりはじめ、パソコン通信が流行るかと思われていた。十年前には、衛星放送で外国のニュースが即座に見られるのに驚いたりした。それらを参考にして、将来の予想と、こんなものは十年先、十五年先にはできているだろうという予見を書いてほしい。

(2) 今はこんなことはとても不可能であると思えても、もっとずっと先には、ひょっとしたら実現するのではないかと思うことを書いてほしい。たとえば、昔の人類にとって、鳥のように空を飛ぶということは、夢にしかすぎなかった。しかしわれわれは現実に鳥より速いスピードで空を飛んでいる。現在ではとても無理だと思われ、まさかできないとは思うが、こんなことができる世の中に何百年、何千年後にはなっているかもしれない、と思われることを何でも書いて見よ。

(3) その他、情報環境だけでなく、どんな社会にどのようにして人類は生きていくようになるだろうかという近い将来の予想と、遠い未来の予想、それに、無理かもしれないが、こんな世の中になればよいな、と思うこと(すなわち、空想)があったら何でも述べよ。」

これに対して学生たちの書くことはさまざまであるが、「新幹線の切符が家にいながら電話で予約できたらよい」というような想像力貧困なもの(1)から、電子マネーを使うようになるだろう、(2)ホームショッピングがもっと盛んになるだろう(3)などに始まり、情報化が今よりずっと進むことは当然だと誰しも考えている。懐中時計や腕時計ぐらいの大きさの情報端末で今のパソコンぐらいのことはできるようになるだろうとか、ネットワークを通じて人間そのものを電送できるようになるかもしれない、(4)などという意見が飛び出す。二十一世紀には人間が宇宙旅行するのは当たり前になっていて、火星やその他の惑星にコロニーができているだろうと書くものもいる。その他、さまざまな興味深い意見も出されたが、それらについては次節以下で折に触れて述べたい。

しかし、多くのものが、ドラエモンの「どこでもドア」と「タケコプター」をあげた。これは、予想というより、空想の領域の話としてである。もうひとつは「タイムマシン」で、これはできたらよいが果たしてできるとは思えない、それに、もしできたとして過去に遡って歴史を書き変えたらいったいどうなるのか、もし、自分の祖先を殺したりしたら、今存在する自分はどうなるのだろう、というような疑問が付けられている。なかには、一般相対性理論を持ち出してタイムマシンの可能

(1) そんなことは現在とっくにできる。

(2) すでに実験的段階は終わり、実用化段階に入っている。

(3) 日本でもインターネットによるホームショッピングが盛んになってきている。

(4) 明治のはじめ、電信線に手紙や小包をぶら下げて、それが送られるのを見ようとした話が思い出される。

性を論じたものもあった。さらに、クローン人間、人造人間の問題が、薄ら寒い恐怖感と共に提起されていたりする。

2　社会はどう変化するだろうか──私の予想と空想

インターネットによるバーチャル・ショッピングモールでの買い物や、電子マネーによる決済についてはここでは述べない。それらは、いろいろなところで論ぜられ、いよいよ実用の段階に入りつつある。メッセージの暗号化が安全のために重要になってきたが、現段階で最良と思われる「公開鍵暗号」が、数学のなかでも最も実用には遠いと思われていた代数学のなかの『整数論』をフルに使ったものであることは、驚きであった。数学者が自分の興味だけで考えたことが、全然別のところですばらしい役割を果たした例としては、非ユークリッド幾何学以来かもしれないが、あのころと違って、公開鍵暗号を発明した三人の数学者[5]はその発明で財をなしたのである。

それはとにかく、金融の仕組みや決済方法も、情報化時代では従来ののんびりし

(5) 一九七七年にMITに勤めていた三人の数学者 Rivest, Shamir, Adleman の頭文字をとって、RSA暗号といわれる。これは一九七四年に発表されたスタンフォード大学のハーマンたちの着想にもとづくものであった。

たものでなく、ＣＡＬＳ(6)と言われるそれこそ目にもとまらぬ速さになる。すでに、従来からあった金融市場に変わって、コンピュータによる取引きが盛んになり、それが世界に金融恐慌を起こすひとつの原因ともなっている。その金融恐慌は昔とは比較にならぬ速さで世界を駆けめぐり、自分の尻尾をどんどん飲み込んでいる蛇を見るような感を呈している。ある国の経済状態が他の国とは絶縁されたものであることなど、もはやあり得ない相談になった。

インターネットが非常に便利で、人びとの情報交換の役に立つものになればなるほど、それを悪用すればとんでもないことが行えるようになる。すべて物事には何でも「諸刃の剣」という面があるから、ある程度は致し方がないかもしれないが、原爆の製造法も情報として流せるから大変である。ポルノなどを取り締まる国もあるが、そんなものは誰でもすぐ飽きてしまうから、大した問題ではない。しかし、破壊行為はそれとは比べものにならない。幸い、今までは公開鍵暗号で秘密が保てるようになっていたから、ある程度安心していられたが、素因数分解の困難性だけに立脚したこの暗号方式はいつか破られるかもしれない(7)。国家機密が盗まれるようなことになれば、事態は深刻であろう。

その国家という存在も、今後は変わる。現にヨーロッパ連合（ＥＵ）が発足して

(6) Commerce at Light Speed

(7) もっと安全な暗号方式がいろいろと研究されている。

何年にもなり、ついに通貨統合がなされた。国民国家という単位は、現代を生きるわれわれには、相当確固としたもののように見えがちだが、それほど古い概念ではない。二十一世紀に国家概念がまったくなくなるかどうかは、私にはわからないが、二十二世紀にはそれは過去の遺物になっているのではなかろうか。

そのときでも、日本人、フランス人という区別は残るかもしれないが、それは、現在、和歌山県人とか、東北の出身者とか言っているのと同じニュアンスで語られることばになるであろう。そういう事態を招来するのに、情報化が決定的役割を果たす。

医療や福祉は情報革命のお陰をずいぶん被るもののひとつであろう。遠隔診療は日常茶飯事になって、僻地でも立派な診断が受けられよう。ただ、手術などが僻地で遠隔的に行われるかというと、それは無理だろうが[8]、交通手段の発達が、それを補う。

交通は、自動車など、自宅の玄関から高速道路の入口までは自分で運転していかなければならないかもしれないが、いったん高速道路に入ってしまえば、自動操縦装置に任せて、寝ている間に目的地に着くようになる。これの実現は案外早い。

ただ、環境問題がものすごい比重で浮かび上がってくるだろう。今でも問題だが、

(8) 美里天文台方式(第3章5節)である程度可能になるかも知れない。

炭酸ガスの問題、地球温暖化、オゾンホール、熱帯雨林の破壊、砂漠化など、問題は山積している。海面の上昇も笑い事ではなくなるだろう。環境ホルモンを克服する技術は早晩開発されるだろうが、それに伴ってまた別の問題が起こりかねない。食糧問題の解決としてのクローン牛やクローン羊の生産が、医学倫理の問題としてのクローン人間とどこまで区別できるものか。とんでもない独裁者が出て、クローン人間を兵士とする「兵馬俑[9]」的な軍隊を作ろうとしたりしたら大変である。まあ、そこまでの心配は本書ではせぬこととしよう。

それより、出版業界、マスコミ関係などが、情報革命の影響を大きく受ける。すでに、電子出版の種々の形が開発されつつある。また、マスコミは今まで、一方的に大衆に向かって情報を流し続け、ひどいときは、情報操作をしたが、今後はインターネット式の双方向が当たり前になって、各人が自分の意見を開陳しやすくなる。もちろん、マスコミも今まで以上にインターネットないしは情報ハイウェイを通して、べらぼうに増えたチャンネルによって自分の情報を流すようになる。現在でもすでにサービスが始まっているが、オン・デマンドのオーディオ/ビデオ(Audio/Video on Demand)は当たり前のことになろう。たとえば映画のような娯楽番組でも、自分が見たいときに見られるようになる[10]。

(9) 始皇帝兵馬俑坑:中国陝西省の始皇帝陵(驪山)の外城の東にある巨大な土坑。ほぼ等身大の士卒や軍馬などの陶俑を多数埋納。一九七五年に発見された。

(10) 現在では、たとえば正午のニュースの時間にならないとニュースを聞いたり見たりすることができない。一方、新聞や雑誌、書物などはいつでも好きなときに読める。この両方を兼ね備えたのが、オン・デマンド放送である。すなわち、自分の聞いたり見たりしたいときにインターネットでアクセスすると、ニュースや映画などを聞いたり見たりできるようになる。現在でもすでにそれは始まっていて、インターそうすると、書物や雑誌という形式はなくなるであろうか。現在は教育用の教材は、教科書、参考書、文献などほとんどすべて書物・雑誌という形で与えられている。前に私は第4章の5節で、今後教材には「ボタン」のようなものがついて、それを押したり、いじったりすることによって、画面やグラフが動くような仕掛けができるだろうと述べた。また、発見的学習には、よい教育用ソフトを用いて、いろいろな場合を学習者が自分の考えるままに試み、結果を見て、自分の頭で考え、結論を出し、それが正しいか検証する、という手続きをとらねばならないと述べた。

いま、景気変動を示すグラフが書物に書いてあると仮定しよう。そこにはいくつかのパラメータが入っていて、そのパラメータをどのような値にしたらどのような結果が出るかが書いてあるとする。その場合、いくつかのパラメータの値に対するグラフを並列して書き、パラメータがその途中の値をとった場合には、グラフも中間のものになると想像するのが自然である。しかし、いくつかのパラメータの値については正常に見えるグラフができても、パラメータが途中の特異な値をとったときに、異常現象が起こることがある。このようなことは、現在の教科書や参考書を見ていたのでは、自分から発見することはできない。

そこにパソコンの出番があって、パソコンでグラフを書かせ、パラメータを変え

ネット上で世界中の多くの放送局がそれを実現している。わが国はこの面ではずいぶん後れている。

ていくと、特異な場合を発見できることがある。だが、今のところでは、書物は書物、パソコンはパソコンで、学習者は両方を見ていなければならない。それを避ける道は、現在では、たとえばマセマティカのノートブックに教材も書いて、パラメータをそこで動かして様子を見るしかない。一方、別の学習者はメイプル(Maple)で同じことをやるかもしれない。そこには互換性はなく、それらの結果をファイルの形に書いて、現在ならば紙にプリントアウトして、印刷されたものを比較することになる。

将来は、もっとこのあたりは改善されるだろう。すなわち、記述のなかにパラメータが埋め込まれている場合、読者はそれを直接、いじって変えてみることができるようになる。その背後には、マセマティカなりメイプルなりが活躍しているのだが、学習者、読者は何が埋め込まれていようと、自分がいじってみてそれに応じてグラフなり図形なりが変わっていけばよいのであって、「裏で何が働いているか」は関心事ではない。紙の書物でこれが実現されるのはよほど先のことになるだろうが、[11] 薄い液晶パネルでできた教材を用い、表面のどこかの部分を撫でるとそれが「ボタン」の役割を果たすようになるのは近い将来のことであろう。[12]

「裏で『何が』働いているか」は、学習者、読者の関心事ではないが、出版社に

(11) いつかは紙のように薄くてしなやかな材料でそれが実現されるだろう。昔、紙のない時代には、文字は石に彫ったり、木簡に書いたりした。

(12) そうなると、「紙に書いた書物はなくなる」と早合点してはいけない。紙の手触りもさることながら、小説を読むのにパラメータを動かす必要など更々なく、文庫本を電車の中で読む楽しみが近い将来にコンピュータブックに取って代わられるとは考えにくい。ただし、遠い将来には、「紙のようにしなやかで薄くて軽い」材料に電子的に書かれたものを読むようになるだろう。

とってはそれは非常な関心事である。飛行機に乗る乗客は、自分の乗る飛行機のエンジンがロールスロイス製であるかどうか気にしないが、航空機製造メーカーにとってはどんなエンジンを積むかは大きな問題だからである。

3　情報文明から知能文明へ

望ましいことではないが、情報化時代には必ず情報格差が発生する。今でも、インターネットでメールをやりしている人とそうでない人では、人と人とのつきあい方が違ってくる。メーリングリストから半ば強制的に舞い込んでくる情報、それは、うるさいと感ずるものが多いが、なかに非常に貴重な情報が含まれていることがある。インターネットに接続して、ブラウザで世界中にあるホームページを検索すると、自分の欲しい情報がどこかから得られることが多い。

ところが世界は広い。今ではそんなことはないと思うが、アフリカのある国の首府にある、その国を代表するような大学の数学教室（数学部）で、電話が二本しかないという信じられないようなことが一九九五年頃にはあった。一本は教室主任

（というか数学部の部長）の部屋に、もう一本は廊下にあって、他のスタッフは、教授でも助教授でもそこへ行って電話をかけなければならないという状態であったそうである。とてもインターネットに接続して情報を得るというような状況など考えられもしない。

偉そうなことを言ってみても、アメリカから日本に来たら、インターネットの普及率について同じように感じたことだろう。世界は広い。未だに電気がないところも多く、電話など問題外。インターネットはそのまだ外の話である。世界中が情報スーパーハイウェイで結ばれるようになっても、格差は縮まるどころか、かえって拡大するのではないかと私は危惧している。(13)

それでも、情報革命は進行し、間もなく情報文明時代に突入する。数年前にはハードディスクはメガバイトで表現していた。今はギガバイトである。ＣＰＵの計算速度も格段に速くなり、メモリーの値段も下がって、一昔前の大型計算機よりずっと性能のよいパソコンが、学生のアルバイト代で買える。先の方には量子の壁があるから、無限に性能が上がるとは思えないが、まだまだ進歩は進むであろう。コンピュータと家電との区別もなくなってきて、家の中はコンピュータだらけ、身につけるものもコンピュータを内蔵したものばかりという時代になろう。

（13）もっとも人間の幸福とそれとは別問題であろう。インターネットなどに煩わされない方がかえって幸せな生活が送れるという考え方もある。

学生が「夢」として書いている「どこでもドア」は実現の可能性がないのか。それとも、実現するのであろうか。最近、ディスプレイはブラウン管から液晶になりつつあるが、もし、今のディスプレイのようなものでなく、三次元の立体映像（虚像）を部屋の中に自由に描き出せるようなものができたらどうなるだろう。[14] しかも、目の前の光景がかき消えて、たとえば、ベニスのサンマルコの広場の情景が、立体像として目の前に出現したら、自分は今ベニスにいるのだ、という気にならないだろうか。

もちろん、それはその人がバーチャルにベニスにいるのであって、現実にいるわけではない。だから通行人と話すことは無理かもしれない。[15] いや、通信容量の問題が解決すれば、それも不可能ではないかもしれない。同様に、西暦二〇〇〇年のときの情報をすべて保存しておけば、二五〇〇年にそれを開いて、過去へタイムスリップすることも可能ではないか。それもやはりバーチャルにだから、歴史を書き変えることはできない。タイムマシンというと、すぐ歴史を書き変えたら大変だ、という話になるが、バーチャルとリアルをよく区別すれば、あるいは「どこでもドア」や「タイムマシン」はバーチャルには実現できる時代がくるのではないだろうか。

(14) 今でも、頭上から被る不格好なメガネをかけて、バーチャルな三次元世界に身をおくことができるが、将来は立体虚像が目前に現れるようになるだろう。使われる技術は、現在のところ、ホログラフィーが有望だが、将来は脳に直接（非接触で）電気的刺激を与えるような方法が開発されるかも知れない。

(15) 次節で述べる未来のバーチャル教室や会議室と違って、相手は不特定多数である。

これは学生の夢より、それを一層に進めた私の『夢』なのだが、まあ、空想を無責任に述べているとお許しいただきたい。

それより、情報文明の次にくる時代は、『知能文明時代』ではないかと私は思っている。[16] 農耕文明、機械文明、情報文明というふうに、人間の手、腕力と脚力、耳や目という五感などの人間の器官を人工的なものに置き換え補完してきたのが、文明の進化であったとすれば、最後に残るのは人間の知能であろう。一昔前に騒がれたようなチャチな人工知能ではなく、もっと本格的に『知能』とは何かを探り、「人間の知能を凌駕する知能」を人類のために役立てる文明時代がくるのではないだろうか。

4　教育の未来

前章に述べた国際会議での遠隔教育部門のチーフ・オーガナイザーとして、私は会議を次のようなことばで始めた。

(16)「知識文明」ということばより、私は「知能(intelligence)」の方が適切だと考える。知識(knowledge)というと、何となく百科辞典的な知識データベースという感じを受ける。知能と言うほうがもっと広い。もっともintelligenceにはスパイのような悪いイメージが付きまとうが、それこそ非常に「知能的な」存在であろう。さらに言えば、「知能」より「知」または「英知」の方がぴったりした表現かもしれない。

「大昔には、師の周りに弟子が集まり、師の教えに耳を傾け、討論をし、勉強した。そこには師と弟子の対話、弟子どうしの交流があった。これが学校教育の原型である。グーテンベルクの印刷術の発明は、学問の大衆化はもたらしたが、人間は書物を通して学問することを覚え、勉強のしかたは変わってしまった。現在、小学校、中学校などで、教室で先生の教えることを生徒が鵜呑みにしていることが多い。また、大学などでは、少人数のゼミなどは別にすれば、二五〇〇人や五〇〇〇人もの学生をひとつの大教室に入れて教授が遥かに離れた教壇からしゃべっていることが多く、そこには、もはや対話や交流は見受けることができない。教授の言うことに耳を傾けず、私語したり、まったく他のことを考えている学生がいかに多いか、周知のとおりである。これらの学生にとっては、自分と教壇との距離は無限大とも言えるほど遠い。それでも、これらの学生は要領よく大学を卒業し、世間はその卒業証明書をシンボルとして受け入れる。

さて、通信手段を道具とした遠隔教育がある。距離はいくら遠方からでも、情報通信手段によって送られてくる教材に接するとき、学習者と教授者との距離はほとんどゼロであると考えてよい。しかも、教室においては、一定の時間に先生が教えていることを理解し、記憶し、問題を効率よく解く（答えを短時間に要領よく出す）ことが要求されるのに対して、遠隔教育では、自分の好きなときに、好きなだけ時間をかけて、納得するまで考え、問題も変形し、いろいろな場合を考えて発展させることができる。学習した内容の深さは、通り一遍の大学教育の比ではない。しかし、世間は彼らをふつうの大学出身者と同一に扱うだろうか。」

教育については、現在の学校教育システムはなかなかなくならないだろうが、いつまでも現在のままかどうかはわからない。十八歳人口の減少についてはすでに述べた。一足先にこれを経験したアメリカは、日本などの外国へ大学を輸出したが、日本では成功しなかったようだ。明治時代以来、キリスト教系や仏教系の大学・高校が日本の教育界に貢献しているのに比べると、あまりにもズサンで、金儲け主義が露骨に出たせいかもしれない。

情報革命のお陰で、遠隔教育が世界的に流行して、オランダのようなヨーロッパの小さい国でも熱心に取り組んでいることは前にも述べた。私が学生に書かせている「予想と空想」でも、何人もの学生が、「将来は今のキャンパスには、体育とクラブ活動にだけ来るようになって、授業は遠隔教育で世界の一流大学のを受けるようになるだろう。そして、日本の大学は単位互換を認めざるを得なくなるだろう」と述べている。また、諸外国の大学でも、超一流大学が本気で遠隔教育を始めたとき、はたして自分の大学が生き残れるだろうか、と心配し始めている。

個人が自分一人だけ、または数人が共同して、得意な分野の教育機関をネット上に設立することが流行する兆しがある。現に、カナダのアルバータ州では一定の基準さえ満たせば、誰でもそのような教育機関を設立することを州政府が認めている。このことについては前にも述べた。

問題の鍵は、やはり、『教育の内容』であろう。一流大学の講義でも、有名教授がテレビカメラの前で延々としゃべっているのを聞いているだけだったら、今まで各所で述べたとおり、本当の意味の教育や真の学習はできない。やはり、学習者が能動的に自ら学習するようにもっていくべきであって、その手助けは現在の教育機関の教育者が、自己啓発を行えば、十分実行できるのである。もちろん、遠隔教育を必要とする人びとは、『発見的学習』をやってくれるしかるべき遠隔教育機関の教育を受けるべきであろう。そして、バーチャル・クラスルームなり、スクーリングなりを通して、仲間と楽しい学習を続けていけばよい。

5 現代によみがえるマドラサ

第3章の4節で、あまり人が気づかない事柄として、教室で行われる学校教育では、先生と生徒のあいだで行われる双方向のインタラクションの他に、生徒どうしのあいだに存在する多方向のインタラクションが存在するということを書いた。この「教室全体から醸し出される雰囲気」を通じての「人と人とのコミュニケーション」が教育の本質であって、それを遠隔教育で醸し出すことがいかに難しいかについても言及した。そして、それはバーチャル・クラスルームをつくることで、ある程度解決できないだろうか、とも述べた。

このバーチャル・クラスルームについて、再考して見よう。われわれはともすれば、学校教育が今日の形で未来永劫に続くかのように思い込みがちだが、学校・大学というようなものが今の形で始まったのは[17]、それほど古いことではない。昔はどうであったかは、私が本節のはじめに述べたとおりである。中国の昔、孔孟の教えを弟子どもが乞うたこと、ギリシアでも賢人の周りに人びとが参集したことは良く

(17) ふつうは世界最古の大学はイタリアのボローニャ大学で創設は一一五八年であったと言われている。パリ大学やオックスフォード大学が少し後れて開校された。

知られているが、イスラム世界では九世紀ごろからマドラサ（またはトルコ語でメドレセ）と呼ばれる教育機関が存在した(18)。

マドラサは今日でいえば大学であるが、その形態は今日の大学とはだいぶ異なる。学生は、原則として寄宿舎に住むのだが、教室というものはない。町の大モスクが教室になる。人口数十万の大都市であれば、教授が十数名、学生が数百名といった規模のマドラサがいくつかあり、教授一名、学生数名のマドラサが無数にあった。人口一万程度の町でも、教授一名程度のマドラサはひとつやふたつはあった。

教授はひとつのマドラサで一生教えるのではなく、各地を転々として教え、かつ学んだ。学生も広大なイスラム世界を股にかけて旅をし、各地で学ぶ。教授も学生も移動することで学問を深めていくのである。この故智に倣ったのかどうかは知らないが、第二次世界大戦以前のドイツでは学生が大学を渡り歩くことがよく行われていたと聞いている(19)。

将来の学校、大学においては、このような形態をバーチャルに行うようになるかもしれない。実際、近頃は在宅勤務、テレビ電話会議システムなどを導入する企業が増えてきている。同じように在宅学習、遠隔教育がもっと本格化する時代がきたとき、教授も学生も昔のイスラムのマドラサのように、あちこちを渡り歩き、移動

(18) 佐藤次高・鈴木董編『都市の文明とイスラーム』講談社現代新書。

(19) 今でもそれが日常化しているかどうかは、私は寡聞にして知らない。

して学問を深めるようになるのではないだろうか。

その場合、自分自身は物理的には自宅にでもいればよく、移動する必要はない。もちろん、世界中のどこへ出張なり旅行なりしていても、どこからでもどのバーチャル・クラスルームにも参加可能である。マドラサのように本当に物理的に移動する場合には、ある一定時間は一カ所にとどまらなければならないが、バーチャルに移動する場合には、瞬間的に遠く離れた何カ所へも移動できるから、複数のバーチャル・クラスルームに、いながらにして参加できるということになる。その意味ではバーチャルの方がリアルより優れているとさえ言える。

文系の学問はそれでよいかもしれないが、実験を伴う理工系ではそうはいかない、と思われる向きもあろう。しかし、パソコンからネットワークを使って遠く離れたところにある実験装置(20)を遠隔操作することなど将来は当たり前になるかもしれない(21)。しかも、実験結果もネットワークを通して得られるようになるだろう。そうなったら、理工系といえども上に述べた「バーチャル・マドラサ方式」で教育ができる時代がくるのではなかろうか。医学分野ではすでに遠隔医療が始まっている。漁業でもロボットを乗せた漁船を遠隔操縦して行うことも可能だろうし、まして、農学を遠隔で学ぶことは理工系と変わらない。もちろんこれはあくまで楽観的な未来予想

(20) それは各学校に備えられているものよりはるかに高性能のものになるであろう。

(21) 第3章5節に述べた美里天文台の話を思い出していただきたい。現在でも、インターネットを通じて(バーチャルでなくリアルに)植物に水をやったり栽培したりすることが行われている。

であって、リアルに行うのとバーチャルに行うのとでは何につけても大変な違いであることは銘記しておくべきであろう。

現在のリアルな「学校」においては、クラスで、またはクラブ活動などで、終生の友が得られたりする。バーチャル・クラスルームで同様のことがどこまで起きるかは、互いの接触がそれほど密でないから、定かではない。しかし、現在のインターネットでも、同好の志が情報を交換し合い、それが発展して、バーチャルだけでないリアルな会合を開いたり、関係をもったりしている例がある。悪用される場合もあるが、それはむしろ少数例で、良い意味での「人と人とのコミュニケーション」がそこから生まれることが多い。

ところで、現行の学校制度には、次のような決定的欠陥がある。個人がお茶やお花のような稽古事をするとき、『学習者』が『先生』を選ぶことができる。人の評判を聞いて選ぶ場合もあろう。語学学校などで体験学習期間を設けてあるところもある。ところが、義務教育はもちろん、中等教育でも生徒に「先生を選ぶ権利」は一切認められていない。大学は、受講申請の段階である程度選択の可能性はあるが、自分の通っている大学の講義のうちから取らなければならない[22]。

ところが、上記のイスラム世界のマドラサでは、良い師を求めて学生が旅をする

(22) 近頃、大学間の単位互換制度が導入されているが、制約が多い。

のであった。バーチャル・クラスルームを備えた遠隔教育では、これが居ながらにしてバーチャルに行えるのである。良い師に恵まれる機会とか、教師と学習者の「相性」ないしは「運命的出会い」が、学習者の将来に決定的影響を与えることを考えれば、この点に関しても、現在の教育制度より遠隔教育のほうが勝《まさ》っているとさえ言えるかもしれない。(23)

ここで言うバーチャル・クラスルームとは、現在およびごく近い将来のものを頭に置いている。具体的に言えば、教授用にも討議用にも使える道具(24)、および、可能ならば、各人の表情と動きがわかる上半身の映像ぐらいが現れ、リアルタイムに講義を聴いたり、討論や問題演習をやったりするものを指している。(25) 時差の問題があるから、そのバーチャル・クラスルームでの様子を後で再現できるようにしておくことも大いに意味がある。また、始めから、非同時的なバーチャル・クラスルームを設計することも可能であろう。

未来には、それを三次元化したシステムが現出するだろう。すなわち、教授者、学習者各人の目前に同じ「教室のごときもの」が、リアルと区別しがたいぐらいの現実感を伴ってバーチャルに出現する。すなわち、各人の現在いるところにバーチャルに小教室または大教室ぐらいと感ずるような光景が生み出され、そこで通信

(23) もし「運命的出会い」が起こった場合には、千里の道を遠しとせず、実際に教えを請いに行けばよいのである。何と言ってもバーチャルとリアルは違うから。その頃には交通手段も格段に発達しているだろうから、現在に比べてそれはきわめて容易な事柄になるであろう。昔はお伊勢参りは「水杯」であった。

(24) 以前、電子掲示板などと表現したものを、もっと高度にしたようなもの。

(25) もちろん、送受信の情報量の問題は常に付きまとう。以下述べる「未来予想」では、その問題は解決されるという前提で話を進めている。

回線を通して他の人びととあたかも同じ教室にいるかのような感覚で共同で学習するようにまで技術は進歩するのである。(26)これは前節に述べた「ベニスにバーチャルに遊ぶ」ような形と似ているが、相手が不特定多数ではないから、映像、音声、会話もそのまま双方向的に伝送され、「情報書き込み黒板」(27)などもすべて共有でき、議論や質疑応答もできて、現在リアルにやっていることとほとんど変わらない環境の下で、学習ができるようになるのではないかと私は予想している。(28)現在のテレビ電話による会議もそのような形にまで進化するであろう。

そこまでいかなくても、前述の、現在や近い将来に実現可能なバーチャル・クラスルームを活用すれば、実際に一堂に会さなくても、擬似的に、ある程度満足できる程度の情報交換や共同学習が実施でき、「教室全体から醸し出される雰囲気」に代わるものを作り出せよう。そうなると、教育はますます『中身で勝負』という時代に入り、『発見的な学習』によって「濃い中身」の教育を誰でもがどこからでも「享受」できる時代が、技術のお陰で到来するだろう。それは決して遠い将来のことではないだろうから、現行の教育制度が見直される時代がくるのは案外近いかもしれない。まさに、『ITすなわちインフォメーションテクノロジー』がもたらす教育革命』が起ころうとしているのである。

(26) 教授者、学習者それぞれの目前の光景がバーチャルに三次元的な教室や会議室のごときものに望むときには変化し、その中に各人は身を置いて議論したり学習したりするようになる時代が来るだろうと私は想像している。

(27) それも空間に「漂ったような形」で存在するようになるかもしれない。

(28) そのような「教室」を各人はバーチャルに瞬間的に移動して学習するようになるのである。

あとがき

「中等教育にマイクロコンピュータを」という国際会議が東京で開かれたのが一九八六年であった。（その頃はマイコンとパソコンの区別さえ明確ではなかった。）当時、コンピュータ言語プロログを用いてささやかな数式処理システムを開発していた私の研究室からは、それを教育に応用することについてのある発表を行ったが、古い型のCAIが主流を占めていたその頃には、パソコンは道具として使うべきだ、という私たちの主張はあまり受け入れて貰えなかった。

今では、私が予想した方向へコンピュータの教育利用は進んでいるが、本文で述べたとおり、未だに新しい革袋に古い酒を入れたようなIT利用が行われている。情報関連の物事は進歩が早い。本書の構想も数年前から私が温めていたものだが、十年一昔でなく一年一昔の情報の世界にあっては進歩は著しく、何回も書き変えなければならぬ程であった。

教育に関する問題にしても、受験競争に代表される詰め込み主義は今や改めるべきだという共通認識があり、教育自身、はっきりと転換期にさしかかろうとしている。遠隔教育も急速に普及しつつあり、教育システム自身が問われるようになった。本書では私が昔から思い描いていた教育の将来像も述べたが、ご意見やご批判がいただければ幸いと思っている。

甲南大学助教授松本茂樹氏、甲南中高教諭吉田賢史氏との意見交換が、本書を著すに際しても非常に有益であった。この二人と共に行った共同研究（甲南大学総合研究所および甲南学園平生《ひらお》基金の財政援助による）なしには本書が世に出ることはなかったであろう。ここに深くお礼を述べたい。

また、本書の原稿に何度も目を通し、適切なアドバイスをいただいた私の中学時代からの先輩、立教大学名誉教授村田全氏には心から感謝申し上げる。

その他、資料をいただいた方々、メーリングリスト MathEdu からの転載を気持ちよくお許しいただいた方々、その他、いろいろな面で私に力を貸してくださった人々にお礼を申し述べたい。

本書の出版に際しては、新曜社の塩浦暲氏にひとかたならぬお世話になった。最後になったが、深甚なる感謝の言葉を申し述べたいと思います。

村上　温夫

著者略歴

村上《むらかみ》温夫《はるお》

1929年　大阪に生まれる

1952年　大阪大学理学部数学科卒業

元　　　神戸大学教授（工学部応用数学教室，大学院自然科学研究科知能科学専攻）

　　　　甲南大学教授（理学部経営理学科，大学院自然科学研究科情報・システム科学専攻）

現　在　神戸大学名誉教授

　　　　理学博士

連絡先等　e-mail : murakami@ma4. seikyou. ne. jp

　　　　URL : http : //ha4. seikyou. ne. jp/home/murakami/

主要著書

関数解析（朝倉書店，1975）

技術の進歩は恐ろしい（村田　全 編：学問の中の私，玉川大学出版部，1995）

微分方程式入門（新曜社，1997）

The Progress of Computers and Mathematical Education
—The Influence of Computers and Informatics on Mathematics and its Teaching—
ICMI Study Series (Cambridge University Press, 1986)

新曜社

ＩＴでめざせ，教育革命
発見・探求の喜びを
　インフォメーションテクノロジーで！

初版第１刷発行　2000年２月20日 ©

著　者　村上温夫

発行者　堀江　洪

発行所　株式会社　新曜社
〒101-0051 東京都千代田区神田神保町2-10
電話（03）3264-4973・Fax（03）3239-2958
e-mail : info@shin-yo-sha. co. jp
URL : http : //www. shin-yo-sha. co. jp/
印刷　星野精版印刷　Printed in Japan
製本　光明社
ISBN4-7885-0704-8　C1037
▶本書の本文用紙は100％再生紙を使用しています。

新曜社の関連書から

武田　忠 **学ぶ力をうばう教育**	考えない学生が なぜ生まれるのか	四六判224頁 1900円
三浦香苗編 **勉強ぎらいの理解と教育**		四六判256頁 2200円
矢口悦子 **イギリス成人教育の思想と制度**	背景としてのリベラリ ズムと責任団体制度	A 5 判428頁 5500円
平井信義・帆足英一編 **思いやりを育む保育**		四六判256頁 2200円
岡堂哲雄編 **スクール・カウンセリング**	学校心理臨床の 実際	A 5 判240頁 2400円
岡本浩一 **大学改革私論**	研究と人事の停滞を いかに打破するか	四六判208頁 1900円
三森　創 **プログラム駆動症候群**	心をもてない 若者たち	四六判216頁 1600円
西林克彦・水田まり編 **親子でみつける「わかる」のしくみ**	アッ！ そうなんだ !!	四六判216頁 1800円
西林克彦 **「わかる」のしくみ**	「わかったつもり」 からの脱出	四六判208頁 1800円
西林克彦 **間違いだらけの学習論**	なぜ勉強が身に つかないか	四六判210頁 1800円
Y. エンゲストローム／山住勝広ほか訳 **拡張による学習**	活動理論からの アプローチ	四六判424頁 3500円
E. L. デシ・R. フラスト／桜井茂男監訳 **人を伸ばす力**	内発と自律の すすめ	四六判322頁 2400円
G. B. マシューズ／倉光修・梨木香歩訳 **哲学と子ども**	子どもとの 対話から	四六判216頁 1900円

（表示価格は税抜きです）